Reinhard Habeck

RÄTSELHAFTE PHÄNOMENE

10.000 Jahre UFOs

IN MEMORIAM
Dr. Johannes Fiebag,
dem außergewöhnlichen Weggefährten,
der sein Leben lang bemüht war,
das Unbegreifliche sichtbar zu machen,
sich kühn dem Unfassbaren stellte,
mutig das Unaussprechliche aussprach
und die Erforschung des Unerklärlichen
immer für notwendig und wichtig befand.

(1956–1999)

RÄTSELHAFTE PHÄNOMENE

Reinhard Habeck

10000 JAHRE UFOs

tosa

Über den Autor:

Reinhard Habeck, geboren 1962 in Wien, arbeitet als freier Schriftsteller und Illustrator. Er ist Autor von Büchern und Anthologiebeiträgen, die in mehrere Sprachen übersetzt wurden und das Thema „Rätselhafte Phänomene“ zum Inhalt haben. Seine wichtigsten Buchpublikationen: „Das Unerklärliche“, Wien 1997; „UFO – Das Jahrhundertphänomen“, Wien 1997 sowie gemeinsam mit Peter Krassa „Das Licht der Pharaonen“, München 1992 und „Die Palmblattbibliothek“, München 1993.

„Der Mensch muss bei dem Glauben verharren,
dass das Unbegreifliche begreiflich sei;
er würde sonst nicht forschen.“

Goethe (1749–1832)
„Wanderjahre II.“

Umschlag: Beate Dorfinger unter Verwendung eines Bildes von Tony Stone
Innenillustrationen vom Autor zur Verfügung gestellt

Gesamtherstellung: Der Graph, Wien
Printed in Italy

Inhalt

Vorwort

„Als ich eines Abends mit meinen Hunden herumtollte, war plötzlich ein gleißendes Licht über mir, rund wie eine Kugel. Es war, als ob jemand ein riesiges Streichholz entflammt hätte. Und obwohl mir das alles sehr nahe schien, vernahm ich doch nicht das leiseste Geräusch. Bis damals stand ich Geschichten über UFOs sehr skeptisch gegenüber. Seither denke ich darüber anders …“

Die Dame, die es plötzlich für sehr wahrscheinlich hält, über ihrem Haus in Los Angeles eine „Fliegende Untertasse“ erblickt zu haben, ist die bekannte deutsche Schauspielerin *Elke Sommer*. Ihre Einstellung ist typisch für einen Großteil der Menschen: UFOs gelten so lange als Hirngespinst, bis man *selbst* einmal einen „leuchtenden Diskus“, ein „brennendes Dreieck“, „strahlende Kugeln“ oder eine „silbrige Scheibe“ am Himmel oder aus nächster Nähe beobachtet hat und sich deren Erscheinen rational nicht erklären konnte. Wer selbst Augenzeuge eines derartigen Phänomens geworden ist, fängt zu grübeln an. Doch wie immer man zu den rätselhaften Flugobjekten stehen mag – sie sind aus der Welt, in der wir leben, nicht mehr wegzudenken.

Kaum ein Tag vergeht, an dem nicht neue Beobachtungen rätselhafter Himmelserscheinungen gesichtet werden. Millionen Menschen wollen nicht nur UFOs am Firmament gesehen haben, viele von ihnen schwören sogar, sie hätten auch Kontakte mit fremden Wesen aus einer anderen Welt gehabt. Alles bloß Hirngespinste oder etwa doch fantastische Wirklichkeit? UFOs sorgen jedenfalls für Panik und Verwirrung, sie irritieren die Geheimdienste, liefern den Anlass für militärische Manöver, beflügeln die Fantasie der Erdenmenschen, verhelfen den Filmproduzenten zu unglaublichen Kassenrekorden, teilen eine große Anzahl von Menschen in UFO-Befürworter und Gegner.

Und Sie? Haben auch Sie schon ein UFO gesehen? Eine Frage, die seit der ersten spektakulären Sichtung solcher mysteriöser Himmelsfahrzeuge immer populärer wurde und heute nicht mehr so ausgefallen erscheint wie Ende der 40er Jahre. Damals, am 24. Juni 1947, begann das moderne UFO-Zeitalter. Der amerikanische Privatpilot *Kenneth Arnold* war mit seinem einmotorigen Flugzeug im Bundesstaat Washington unterwegs, als er über dem *Mount Rainier* plötzlich neun unbekannte, riesige, bumerangähnliche Flugobjekte erblickte, die so flogen „*wie* eine über eine Wasseroberfläche hüpfende *Untertasse*". Ein leider auch vielfach irreführender Begriff war damit geboren. Eindrücke seiner ungewöhnlichen Beobachtung hatte Arnold einem Lokalreporter in den Notizblock diktiert. Dieser schickte dann die berühmt-berüchtigten, oft geschmähten „Fliegenden Untertassen" kurzerhand in die Umlaufbahn, wo sie heute medienwirksamer denn je für heftige Kontroverse sorgen. Was aber ist nun von Berichten über solche Erscheinungen zu halten? Sind die UFO-Erlebnisse glaubhaft? Skeptiker bezweifeln das und weisen das Phänomen als Halluzination, Geschäftemacherei oder Hysterie weit von sich. UFOs gäbe es nicht, entsprächen nur unserem Wunschdenken, behaupten sie.

Die Frage „Hatten Sie schon ein UFO-Erlebnis?" sorgt auch heute noch bei vielen Augenzeugen für gemischte Gefühle zwischen Peinlichkeit und Vorsicht. „Sie meinen, ob ich ein *außerirdisches* Raumschiff gesehen habe?" UFOs wurden für viele Zeitgenossen auch deshalb zu einem Reizwort, weil diese rätselhaften Flugobjekte gerne automatisch mit Luftschiffen außerirdischer Besucher gleichgesetzt werden. Vieles mag dafür sprechen, aber wirklich greifbare Beweise für die Richtigkeit solcher und ähnlich klingender Behauptungen gibt es bis heute noch nicht. Rund 95 Prozent der Sichtungen finden eine plausible „irdische" Erklärung. Der Rest entzieht sich aber weiterhin hartnäckig jeder vernünftigen Deutung. Selbst nach gründlicher Untersuchung einer Vielzahl gut dokumentierter Beobachtungen, darunter von vielen wissenschaftlich geschulten Zeugen, weiß niemand, *was* UFOs eigentlich sind.

Sind es tatsächlich *Raumschiffe* von fremden Gestirnen? Wenn ja, *woher* kommen sie? Warum steuern sie unseren Erdball an? Beeinflussten schon vor Jahrtausenden außerirdische „Götter" die menschliche Entwicklung? Werden die Himmelsobjekte von Abkömmlingen früherer ausgewanderter, irdischer Zivilisationen gesteuert? Stammen die UFOs gar aus dem Inneren der Erde? Sitzen in den Flugkörpern Geschöpfe aus anderen Seinsebenen, aus Parallelwelten oder aus dem Hyperraum? Sind es Zeitreisende, die, aus der Zukunft kommend, in die Vergangenheit eingreifen? Haben wir es mit spirituellen Wesen zu tun, die sich in unserer Welt materialisieren können? Oder existiert das Phänomen nur in der Einbildung krankhafter Fantasten und Geschäftemacher? Ist die UFO-Manie nichts weiter als eine Ersatzreligion, hervorgerufen durch mythische Muster, die in den traditionellen Religionen mehr oder weniger verloren gegangen sind? Existieren da irgendwelche, noch unbekannte Naturphänomene? Erwartet uns eine Invasion aus dem All? Wurden und werden Menschen durch UFOnauten entführt? Stürzte 1947 bei Roswell im US-Bundesstaat New Mexico tatsächlich ein Raumschiff ab oder handelte es sich dabei lediglich um einen Spionageballon? Konstruieren Wissenschaftler in geheimen Militärbasen Flugkörper mit UFO-Technologie? Treiben durchaus irdische Mächte bewusst ihr makabres Spiel, um die Öffentlichkeit irrezuführen und ihre eigenen Pläne zu tarnen? Alles Massenpsychose? Eine Verschwörung? Oder doch Eingriffe aus fremden Welten? Steuert unsere Evolution hinaus ins Universum? Was erwartet uns dort draußen, in den Tiefen des Alls? Steht eine Begegnung mit fremden Intelligenzen unmittelbar bevor?

Egal, ob nun bedingungsloser UFO-Befürworter oder entschiedener Gegner: „Was man auch immer über dieses Phänomen denken mag, über ihre physische Realität und über ihren Ursprung, eine Tatsache ist in den letzten Jahrzehnten über jeden Verdacht erhaben: In der ganzen Welt wird immer wieder von neuem über das Erscheinen von UFOs berichtet. Und sogar die absoluten Skeptiker können nicht umhin, die Dramatik in diesen gut dokumentierten, viel bezeugten Berichten zu spüren." So jedenfalls hat einer der berühmtesten UFO-Forscher, der 1986 verstorbene Astronom und Physiker Prof. Dr. *J. Allen Hynek* die Faszination um eines der letzten noch ungelösten Geheimnisse dieser Welt beschrieben.

Hyneks Einschätzung hat nichts an Aktualität verloren: Diese rätselhaften scheibenförmigen Gebilde am Firmament scheinen sich auch zu Beginn des 21. Jahrhunderts nach wie vor erfolgreich jeder vernünftigen Deutung zu entziehen …

I. UFOs – die großen Unbekannten

„Es gibt mehr Ding' im Himmel und auf Erden,
als Eure Schulweisheit sich träumt, Horatio.

William Shakespeare (1564–1616), Hamlet I, 5

Fallchronologie des modernen UFO-Zeitalters

Eingeläutet wurde das moderne UFO-Zeitalter nach dem Zweiten Weltkrieg. Am Himmel über dem amerikanischen Bundesstaat Oregon beobachtete der Pilot *Kenneth Arnold* neun strahlend helle Flugobjekte, die sich wellenförmig über ihm bewegten. Die Zeitung machte daraus die berüchtigten *„Fliegenden Untertassen"*. Ein Mythos war geboren; man schrieb das Jahr 1947.

Seither greift die weltweite UFO-Manie in ungeahntem Maße um sich. Zieht man gleichsam das statistische Mittel aus den UFO-Meldungen, so ergibt sich ein schwebendes, oft rotierendes metallisches Objekt oder eine diffuse Lichterscheinung, zehn bis fünfzehn Meter im Durchmesser. Oft hat es mehrfarbige, pulsierende Lichter, kann sich mit ungeheurer Geschwindigkeit fortbewegen und blitzartige Manöver vollziehen, wie auch Radaraufzeichnungen bestätigen. Auch kreisförmige Landeplätze mit versengtem Boden sowie elektromagnetische Phänomene wurden vermehrt registriert. Zu den Augenzeugen zählen Piloten, Ingenieure, Radartechniker, Astronomen, Polizisten, Politiker und Astronauten. Faktum ist: Kein Jahr vergeht, in dem nicht über das mysteriöse Auftauchen sowie neue spektakuläre Manöver unbekannter Flugkörper aus dem Norden oder Süden, dem Osten oder Westen unseres Globus berichtet wird. Eine Fallchronologie der ungewöhnlichsten Sichtungen, Entführungen und Kontakte macht dies deutlich:

1947 Roswell/New Mexico, USA:
Ein Fluggerät stürzt bei einer Farm ab. Die Air Force dementiert

ihre erste Meldung, dass es sich um ein UFO handle: In Wahrheit sei ein *Wetterballon* abgestürzt. Später wird diese Version wieder dementiert: Es sei ein *Spionageballon* gewesen. 1997 wurde dieser „Enthüllung“ eine weitere hinzugefügt: Es waren *Radarziele* und *Gummipuppen*. UFO-Forscher bestreiten dies bis heute.

1948 Kentucky, USA:
Der Kontrollturm des Goodman-Flughafens meldet die Sichtung eines hellen, diskusförmigen Objektes. Captain *Thomas Mantell* soll dem Phänomen auf den Grund gehen. Beim Versuch, die Verfolgung aufzunehmen, stürzt der Pilot mit seiner Maschine auf mysteriöse Weise ab. Offizielle Version: Mantell versuchte einen Wetterballon oder die Venus zu jagen, sei immer höher gestiegen, hätte die Maschine überbelastet und sei schließlich durch Sauerstoffmangel abgestürzt. Die wahre Ursache des Absturzes ist bis heute ein Rätsel geblieben.

1949 Montgomery, Georgia, USA:
Zwei Piloten der Eastern Airline melden den Vorbeiflug eines UFOs mit „unglaublicher Geschwindigkeit“. Die Begegnung ist so knapp, dass die DC-3 scharf nach links ausscheren muss, um einer Kollision zu entgehen. Beobachter auf dem Robbins-Flugfeld bestätigen die Sichtung eines unbekannten Objektes.

1950 McMinnville, Oregon, USA:
Paul Trent gelingen zwei Aufnahmen eines „diskusförmigen Flugobjektes“. Keine moderne Fotoanalyse hat die Echtheit der Bilder bisher in Frage stellen können. Sie sind nach heutigem Standard *keine* Fälschung und gelten als Beweis dafür, dass damals tatsächlich ein etwa zehn Meter großes Objekt über die Trent-Farm geflogen ist.

1951 Lubbock, Texas, USA:
Über einen längeren Zeitraum können über dem Ort *Lubbock* Lichterscheinungen im Formationsflug wahrgenommen werden. Das Ereignis wird auf Film gebannt. Offizielle Version: *Entenschwärme.*

Dem Farmer Paul Trent gelang 1950 dieser UFO-Schnappschuss. Keine moderne Computeranalyse konnte die Echtheit des Bildes in Frage stellen.

1952 Washington, DC, USA:
Sieben äußerst schnelle Objekte erscheinen auf den Schirmen dreier Radaranlagen. Bodenbeobachter bestätigen dies. Die Regierung erklärt dagegen, dass thermische Störungen die Phänomene verursacht hätten.

1953 West Malling, Kent, England:
Die britischen Luftwaffenpiloten *T. S. Johnson* und *G. Smythe* starten am 3. November um 10.00 Uhr Vormittag zu einer Erkundung. In 6000 Metern Höhe haben sie Sichtkontakt mit einem „sternenähnlichen Licht", das plötzlich mit ungeheurer Geschwindigkeit davonschießt. Radartechniker bestätigen den Vorfall. Das britische Verteidigungsministerium erklärt offiziell, es habe sich um einen Wetterballon gehandelt, obwohl der Durchmesser des verfolgten Objektes laut Radarmessungen etwa 120 Meter betrug und das ungewöhnliche Flugverhalten dagegen sprach.

1954 Florenz, Italien:
Ein Fußballspiel zwischen *Florenz* und *Pistoia* wird unterbrochen, weil zwei rätselhafte Flugkörper über das Stadion ziehen. 10.000 Menschen starren staunend in den Himmel, wobei seltsame, haarige Fasern auf die Stadt Florenz herunterregnen. In ganz Italien erscheinen seitenlange Berichte über das Ereignis.

1955 Hopkinsville, Kentucky, USA:
Drei amerikanische Familien haben Kontakt mit fremden Wesen. Die *Langfords* mit ihren drei Kindern sowie *Billy Ray Taylor* mit seiner Frau *June* sind bei den *Suttons – Elmar, Vera, John, Alene* und ihrem Bruder – zu Gast. Durch einen hellen Schein werden sie aufmerksam und gehen nach draußen. Dort erblicken sie ein strahlendes Leuchten, das nahe der Farm niedergeht. Sie denken an einen niedergegangenen Meteor und gehen ins Haus zurück. Doch bald darauf werden sie von zwergenhaften Kreaturen bedrängt. Den Familien gelingt schließlich die Flucht zu einer nahen Polizeistation. Bis heute konnte keine vernünftige Erklärung für diese Begegnung gefunden werden.

1956 Paris, Frankreich:
Fluglotsen des Flughafens *Orly* bemerken auf ihren Radarschirmen Signale, die zweimal so groß sind wie der Lichtpunkt eines Flugzeuges. Piloten einer Air France DC-3 Dakota flogen auf ähnlichem Kurs, etwa 240 Meter niedriger als das UFO. Funkoffizier *Beaupertuis* konnte das Objekt sehen: „Es ist riesig, hat unklare Umrisse und ist an manchen Stellen rötlich glühend." Der Vorfall wurde vom Ministerium für Zivile Luftfahrt offiziell bestätigt.

1957 Militärflughafen Edwards, Kalifornien, USA:
Eine unbekannte fliegende Scheibe verfolgt ein zweistrahliges B-57-Militärflugzeug. Dem Testpiloten aus einer in unmittelbarer Nähe befindlichen Convair-Maschine gelingt eine Aufnahme.

1958 Insel Trindade, Atlantischer Ozean, Brasilien:
Ein UFO nähert sich am 16. Januar dem Schulschiff *Almirante Saldanha* von der brasilianischen Marine. Dem Marinefotografen *Almiro Barauna* glücken mehrere Aufnahmen des „fliegenden Diskus“, der dreimal die Insel *Trindade* überquert und verschiedene Flugmanöver vollführt. Die brasilianische Marine analysiert den Film sehr eingehend. Er wird für echt befunden.

Der Fotograf Almiro Barauna konnte am 16. Januar 1958 von Bord des Schulschiffes Almirante Saldanha vier Fotos eines saturnförmigen UFOs über der brasilianischen Insel Trindade aufnehmen. Die Marine bestätigte die Sichtungen.

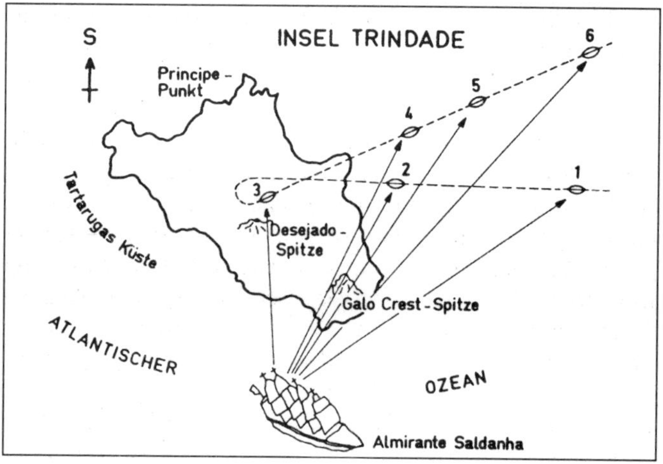

Die rekonstruierte Flugroute des „Trindade-UFOs".

1959 Domsten, Schweden:
Stig Rydberg und *Hans Gustavsson* halten ihren Wagen an, um ein strahlendes Leuchten in einer nahen Waldlichtung zu erkunden. Sie erkennen ein scheibenförmiges Objekt und kleine Kreaturen, die versuchen, beide Männer ins UFO zu zerren. Hypnotische Rückführungen ergeben, dass Rydberg und Gustavsson nicht gelogen haben. Das Luftverteidigungsministerium verweigert trotzdem eine offizielle Untersuchung.

1960 Sverdlovsk, Sowjetunion:
Ein Antonov-AN-2P-Postflugzeug verschwindet auf dem Weg zwischen Sverdlovsk und Kurgan plötzlich von den Radarschirmen, während gleichzeitig ein fremdes Flugobjekt auftaucht. Ein Suchtrupp wird losgeschickt und findet das vermisste Flugzeug schließlich auf einer kleinen Lichtung inmitten eines baumreichen Waldstückes. Das Postflugzeug hätte dort aber niemals landen können, der Platz reicht nicht. Die Briefpakete sind nicht angerührt, die Maschine selbst unbeschädigt, doch von der sieben-

köpfigen Besatzung fehlt jede Spur. Keiner von ihnen ist jemals wieder aufgetaucht.

1961 Concorde, New Hampshire, USA

Am 19. September ereignet sich einer der berühmtesten Entführungsfälle durch ein UFO. Das Auto des Ehepaars *Betty* und *Barney Hill* wird von einer Lichtquelle umhüllt. Ein „elektronischer Impuls" ertönt und die Hills werden von schläfriger Lähmung erfasst. Als sie zu sich kommen, befindet sich ihr Auto sechzig Kilometer weit von ihrem vorigen Standpunkt entfernt. Die Erinnerung an zwei Stunden fehlt. Sie leiden seither unter einem Schocksyndrom und suchen daher einen Psychiater auf. In der Hypnoserückführung erzählen sie getrennt voneinander die gleiche Geschichte: Fremde Wesen hätten an ihnen unangenehme medizinische Untersuchungen durchgeführt. Genau zum Zeitpunkt der Entführung registriert die militärische Radarstation der Pease-Luftwaffenbasis ein UFO am Himmel von New Hampshire.

1962 Mailand, Italien:

Der Maler *Gaspara de'Lama* beobachtet von seinem Haus einen schwarzen Punkt, der allmählich größer wird und sich als „Fliegende Untertasse" entpuppt. De'Lama schießt mehrere Bilder des saturnähnlichen Flugkörpers, der auf sieben Meter im Durchmesser geschätzt wird.

1963 Kuangtung, China:

Eine Li-2-Verkehrsmaschine wird im Oktober auf der Route von Kuangtung nach Wuhan von drei leuchtenden, unidentifizierbaren Flugobjekten 15 Minuten lang verfolgt. Die Piloten geben per Funk einen minutiösen Bericht an die chinesische Zivilluftfahrtbehörde durch. Nach der Landung wird die Crew von der Flugsicherungszentrale verhört. Passagiere werden ausgefragt und angewiesen, über ihr Erlebnis nicht zu sprechen.

1964 Socorro, New Mexico, USA:

Der Polizeioffizier *Lonnie Zamora* wird Zeuge einer UFO-Landung und sieht zwei unbekannte Insassen. Er beschreibt das Objekt als „eiförmig mit orange-bläulicher Flamme an der Unterseite". Abdrücke eines Landegestells und versengte Pflanzen werden an dem Ort der Erscheinung festgestellt. Eine Untersuchung durch die Luftwaffe bestätigt, dass Zamora ein zuverlässiger Polizeioffizier sei, dessen Glaubwürdigkeit nicht angezweifelt werde.

1965 Valensole, Südfrankreich:
Der Bauer *Maurice Masse* ist wie immer sehr früh am Morgen zur Arbeit gegangen. Bevor er auf seinem Feld den Traktor in Gang setzt, hört er ein Geräusch über seinem Kopf und denkt an einen Militärhubschrauber. Doch dann bemerkt er 100 Meter vor sich ein Gebilde: oval, etwa so groß wie ein Auto, mit Kuppel und sechs Landebeinen. Unmittelbar daneben stehen zwei Gestalten mit riesigen Kahlköpfen, die Pflanzen untersuchen. Masse wird von einem Strahl erfasst und ist gelähmt. Nachdem die UFOnauten mit ihrem Fluggerät davongeflogen sind, benötigt der Bauer noch etwa 15 Minuten, ehe er seinen Körper wieder unter Kontrolle hat.

1966 Tallahassee, Florida, USA:
Der ehemalige Gouverneur des Staates Florida, *Haydon Burns,* ist mit elf Personen auf einem Flug über Florida mit einer Convair-Maschine unterwegs, als Passagiere und Crew auf zwei gelbliche Kugeln aufmerksam werden, die nebeneinander fliegen. Die Objekte verschwinden erst, nachdem sie das Flugzeug 65 Kilometer lang begleitet haben. Der ranghohe Politiker bestätigt den Vorfall später ausdrücklich. Amerikas Tageszeitungen berichten umfassend über dieses Aufsehen erregende UFO-Ereignis.

1967 Manitoba, Falcon Lake, Kanada:
Der Augenzeuge *Steve Michalak* beobachtet die Landung eines scheibenförmigen UFOs aus nächster Nähe. Dabei erleidet Michalak seltsame Verbrennungen am Körper und muss einige Tage im Krankenhaus behandelt werden. Weder Laboranalysen noch medizinische Untersuchungen können die Ursache für sei-

ne Verletzungen klären. Bodenproben an der Landestelle ergeben eine erhöhte Radioaktivität.

1968 Madrid, Spanien:
Am 5. September bricht in *Madrid* der Verkehr auf den Straßen zusammen: Tausende Spanier beobachten über ihrer Hauptstadt ein dreieckiges Objekt, das in großer Höhe seine Bahn zieht. Als die Luftwaffe das unbekannte Gebilde identifizieren will, beschleunigt das UFO und ist außer Reichweite der Abfangjäger. Das Luftwaffenministerium nimmt den Vorfall zum Anlass, um die Bürger aufzufordern, zukünftig UFO-Sichtungen bei der nächsten Luftwaffendienststelle zu melden.

1969 Darling Downs, Australien:
Ein Canberra-Bomber der australischen Luftwaffe versucht ein UFO über dem nördlichen Neusüdwales einzuholen, was jedoch nicht gelingt. Hunderte Menschen in *Kyogle* und entlang der *Darling Downs* beobachten das zeppelinähnliche Objekt beinahe drei Stunden. Als die Canberra versucht dichter heranzufliegen, verschwindet das Gebilde spurlos.

1970 Insel Sachalin, Sowjetunion:
Im März versetzt eine UFO-Sichtungswelle die Bevölkerung in Panik und Schrecken, als Nacht für Nacht „Fliegende Untertassen" erscheinen, oft in großen Formationen. Dabei soll ein MIG-Düsenjäger-Pilot beim Versuch, ein UFO zu verfolgen, auf mysteriöse Weise ums Leben gekommen sein.

1971 St. Lorenzen, Steiermark, Österreich:
Der Angestellte *Rudi Nagora,* ein Feriengast aus München, beobachtet mit seiner Frau in der Nähe von *Deutschlandsberg* eine silbrige Scheibe, die sich zwischen den Wolken bewegt. Nagora kann das scheibenförmige Flugobjekt auf einer eindrucksvollen Fotoserie „festhalten". Er und seine Gattin haben eine eidesstattliche Erklärung abgegeben, in der jede Art von Manipulation oder Täuschungsabsicht ausdrücklich verneint wird. Neben dem Ehepaar haben auch Spaziergänger und Feldarbeiter die ungewöhnliche Erscheinung bestätigt.

1972 Durban, Südafrika:
Die Besatzung einer Boeing 727 hat kurz vor der Landung in *Durban* Sichtkontakt mit einer Lichterscheinung, die mysteriöse Manöver fliegt. Der Lichtball kommt nahe an die Maschine heran und verschwindet schließlich ebenso rätselhaft, wie er aufgetaucht ist. Flugkapitän *Chester Chandler* und sein Co-Pilot *G. Koekemoer:* „Da draußen war etwas, das wir uns nicht erklären können."

1973 Pascagoula, Mississippi, USA:
Die beiden Werftarbeiter und Freizeitangler *Charles Hickson* und *Calvin Parker* fischen am *Pascagoula-Fluss,* als sich plötzlich ein fremdartiges blaues Licht nähert, das die Form eines Raumschiffes annimmt. Sie erblicken drei fremde Wesen und schweben plötzlich auf magische Weise in das Objekt hinein. Dort werden sie medizinisch untersucht und nach der Prozedur wieder am Ufer abgesetzt. Hickson und Parker erleiden einen Schock, müssen im Krankenhaus betreut werden und werden unabhängig voneinander in hypnotisiertem Zustand ausgefragt. Beide bleiben aber stets bei der Darstellung ihrer Entführung durch ein UFO.

1974 Söderby, Gustavslund, Schweden:
Schweden wird von einer UFO-Entführungswelle heimgesucht, die für Angst und Schrecken sorgt. Mehr als 100 Entführungsfälle werden in einem Zeitraum von zwei Monaten registriert, darunter einige in einem zeitlichen Abstand von nur zwei Stunden. Die Heimwehr installiert im betroffenen *Vallentuna*-Gebiet eine Himmelswacht.

1975 Snowflake, Arizona, USA:
Travis Walton wird von einem blauen Strahl erfasst und in ein fremdes Objekt gezogen. Fünf Holzfällerkollegen bestätigen den unglaublichen Vorfall. Walton bleibt einige Tage verschollen und berichtet nach seiner Rückkehr von einer UFO-Entführung. Fremde Wesen hätten ihn medizinisch untersucht. Alle Zeugen haben später einen Lügendetektortest bestanden.

1976 Teheran, Iran:
Weltweite Beachtung findet ein Vorfall, der sich am 19. September über *Teheran* zugetragen hat. Zwei Abfangjäger der iranischen Luftwaffe versuchen ein UFO, das mit mehrfacher Überschallgeschwindigkeit fliegt, zu stellen. Ein kleinerer Flugkörper schießt aus dem „Mutterschiff" in Richtung eines Abfangjägers. Beim Versuch, auf den unbekannten Eindringling zu feuern, versagt die Waffenautomatik, ebenso der Funkverkehr und sämtliche elektrische Systeme an Bord. Den Piloten bleibt nichts anderes übrig, als sich im Sturzflug aus dem Staub zu machen.

1977 Wedel bei Hamburg, Deutschland:
Walter Schilling fotografiert einen tellerähnlichen Flugkörper. Fotogrammetrische Untersuchungen zeigen, dass genau an der Stelle ein Schatten ist, den ein etwa zehn Meter großes Objekt in rund 150 Meter Entfernung zu der vom Augenzeugen betreffenden Zeit hätte werfen müssen. Skeptiker bezweifeln die Echtheit dennoch und vermuten eher einen in die Luft geworfenen Autolautsprecher.

1977 in Wedel bei Hamburg aufgenommen: Ein zehn Meter großes Flugobjekt oder doch nur ein in die Luft geworfener Autolautsprecher?

1978 Kap Otway, Australien:
Der Pilot *Frederick Valentich* meldet eine Begegnung mit einem unbekannten Flugobjekt. Nach der Meldung an den Tower bleibt er für immer verschollen.

1979 Provinz Hunan, China:
Am 12. September kommt es zu mehreren mysteriösen Stromausfällen in den Städten *Xuginglong* und *Huaihua*. Parallel dazu gehen zahlreiche Meldungen über ein hell strahlendes UFO ein, das über diesen Städten geschwebt ist und weiße Strahlen ausgesandt hat.

1980 Wald von Redelsham, Luftwaffenbasis Woodbridge, Suffolk, England:
Zwei Sicherheitsoffiziere sehen ein Flugobjekt, das zwischen den Bäumen niedergeht. Streifenpolizisten begeben sich zur „Absturzstelle“. Man findet ein dreieckiges Objekt mit einem Durchmesser von etwa 2,50 Meter und einer Höhe von fast 2 Meter, das ein starkes Licht ausstrahlt. Als die Beamten sich nähern, erhebt sich das UFO und manövriert durch die Bäume zu einer nahe gelegenen Farm. Dabei scheucht es das Vieh auf, ehe es mit rasender Geschwindigkeit am Firmament verschwindet. Die Begegnung mit dem UFO wird auf Tonband aufgezeichnet. Am nächsten Tag können an der fraglichen Stelle Landespuren sichergestellt werden. Der Vorfall wird später offiziell bestätigt.

1981 Moskau, Sowjetunion:
Einige Wochen wird die russische Hauptstadt von einer UFO-Welle heimgesucht. Am 23. August besonders spektakulär: Hunderte Menschen starren gebannt in den Himmel, als eine ganze Flotte von 17 mysteriösen Flugobjekten die Metropole überquert und Richtung Norden verschwindet. Elektromagnetische Störungen werden festgestellt und in Fensterscheiben haben sich kreisrunde Löcher gebohrt.

1982 Baikonur-Weltraumzentrum, Sowjetunion:
Am 1. Juni sorgen zwei UFOs, die in der Nähe der Abschussrampen Manöver fliegen, für große Aufregung. Als am nächsten Tag eine Untersuchungskommission den Vorfall prüft, zeigen sich erstaunliche Strukturveränderungen: Nieten haben sich gelöst und Schweißnähte sind aufgegangen. Tausende Fensterscheiben der nahe gelegenen Wohnungen sind zerbrochen.

1983 Millwood, New York, USA:
Am 24. März kommt es im Bundesstaat New York zur bis dahin größten Massensichtung von UFOs. Zwischen 19 und 22 Uhr melden mehr als 2000 Augenzeugen die Beobachtung von bumerangähnlichen leuchtenden Objekten.

1984 Danabury, New York, USA:
Hunderte von Augenzeugen – darunter Meteorologen und Polizeioffiziere – berichten von großen, lautlos schwebenden Flugobjekten mit rotierenden Lichtern.

1985 Provinz Gansu, China:
Auf dem Weg von Peking nach Paris beobachtet die Besatzung einer Boeing 747 ein UFO von ungeheurer Größe. Es kreuzt die Flugbahn der Boeing mit solcher Geschwindigkeit, dass der Flugkapitän *Wang Shuting* an eine Notlandung denkt. Das UFO mit einem geschätzten Durchmesser von 10 Kilometer (!) wird bald darauf auch in anderen Ländern gesichtet.

1986 Fort Yukon, Alaska, USA:
Ein UFO, „so groß wie ein Flugzeugträger", und zwei kleinere strahlende Lichtobjekte begleiten eine Boeing 747 der Japanese Airlines (JAL) auf ihrer Route über Grönland, den Norden Kanadas und Alaskas nach Japan. Der erfahrene Pilot *Jenju Terauchi* spricht von einem „saturnähnlichen Raumschiff", das unglaubliche Flugmanöver vollführt. Terauchi bekommt es mit der Angst zu tun und sieht sich zu waghalsigen Ausweichmanövern veranlasst, während die Radarüberwachung „unidentifizierbare Radarechos" bestätigt. Eine offizielle Untersuchung der amerikanischen Bundes-Luftfahrtbehörde bleibt ohne Erklärung.

1987 Gulf Breeze, Florida, USA:
Das Ehepaar *Ed* und *Frances Walters* geht mit Berichten und Fotos über ihre UFO-Sichtungen an die Öffentlichkeit. Über einen längeren Zeitraum wird die Gegend von Gulf Breeze Schauplatz mysteriöser UFO-Aktivitäten. 150 Zeugen bestätigen die Vorfälle, dennoch bleiben Walters' Schilderungen und „Fotobeweise" umstritten.

1988 Puerto Rico, Große Antillen, USA:
Hunderte von Zeugen in mehreren Ortschaften berichten von verschiedenen runden und dreieckigen Flugkörpern mit riesigen Ausmaßen. Kampfflugzeuge, die diese Objekte attackierten scheinen mit ihnen zu kollidieren, doch die Objekte verschwinden spur- und geräuschlos. Der Vorfall wird offiziell bestritten.

1989 Belgien:
Eine der größten UFO-Wellen wird über einen langen Zeitraum von verschiedenen Zeugen beobachtet. Die belgische Luftwaffe setzt Flugzeuge ein, denen die rätselhaften dreieckigen Flugkörper entwischen können.

1990 Moskau, Sowjetunion:
Der Generalstabchef der russischen Luftverteidigung, General *Igor Maltsew,* erklärt, dass am 21. März über 100 UFO-Meldungen eingegangen seien. Das gesichtete Objekt wird als „scheibenförmig mit zwei sehr hellen Lichtern an den Rändern" beschrieben.

1991 Russische Raumstation MIR, Erdorbit:
Die Kosmonauten *G. M. Manakov* und *G. M. Strekalov* erklären in einem Interview mit der Zeitschrift *Rabochaya Tribuna,* dass sie während ihres Aufenthaltes in der Raumstation MIR am 28. September ein UFO im Erdorbit beobachtet haben.

1992 Mexico City, Mexiko, Mittelamerika:
Viele Augenzeugen melden über *Mexico City* die Beobachtung rätselhafter Lichterscheinungen, ebenso über dem internationa-

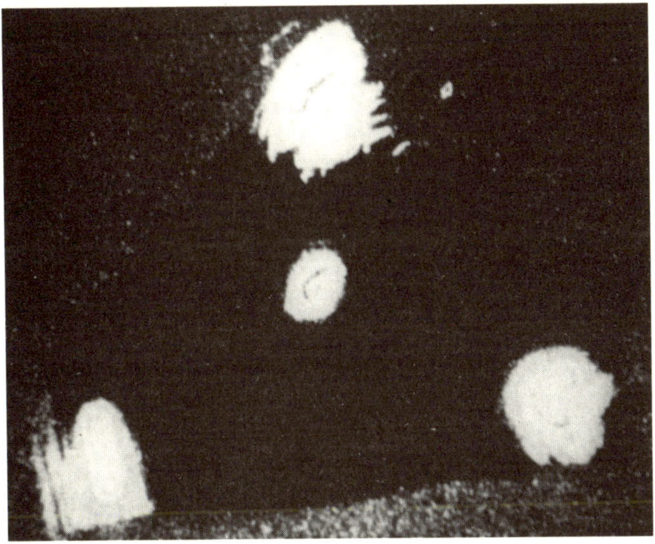

Mysteriöse Flugobjekte in Dreiecksform werden 1990 am Himmel in Belgien auf Film gebannt.

len Flughafen, wo das Phänomen vom Radarsystem registriert wird.

1993 Großbritannien:
Im ganzen Land kommt es zu weiträumigen Sichtungen, darunter zur Beobachtung eines großen, kristallförmigen Gebildes. Das britische Verteidigungsministerium nimmt im März den Fall zum Anlass, um eine Untersuchung der registrierten Phänomene anzuordnen.

1994 La Veta, Colorado, USA:
In der Gegend von *Colorado* kommt es, wie schon zuvor in Arkansas, New Mexico und anderen Bundesstaaten, zu grauenhaften und unerklärlichen Tierverstümmelungen. Untersuchungen ergeben, dass die Schnittführungen präzise und unter hoher Hitzeeinwirkung erfolgt sind. In unmittelbarer Nähe der Fund-

orte werden an jenen Tagen der Verstümmelungen stets unidentifizierbare Lichter von unabhängigen Zeugen gemeldet.

1995 Pennine Hills, Manchester, England:
Am 6. Januar kommt es kurz vor der planmäßigen Landung einer Boeing 737 in *Manchester* beinahe zu einem Zusammenstoß mit einem dreieckigen unbekannten Flugobjekt. In den Folgemonaten wird das Gebiet von einer UFO-Sichtungswelle heimgesucht.

1996 Tel Aviv, Israel:
Im Februar werden in großen Teilen Israels Massensichtungen von „leuchtenden, eiförmigen Objekten" gemeldet, deren Ursprung unaufgeklärt bleibt, jedoch auf Fotos und Videos gebannt werden können.

1997 Phoenix, Arizona, USA:
Von März bis April werden am Himmel über *Phoenix* orange glühende Kugeln und dreieckige Objekte von Tausenden Zeugen wahrgenommen. Die Vorfälle werden durch zahlreiche Videoaufnahmen bestätigt.

1998 Guayaquil, Ecuador:
Am 21. April schwebt ein leuchtendes, zigarrenförmiges UFO über dem Hauptstadion der ecuadorianischen Großstadt *Guayaquil,* als gerade Tausende Menschen ein Fußballspiel gegen FC Barcelona verfolgen. Das Leuchtobjekt ist etwa zehn Minuten lang über dem Stadion zu sehen. Das Spiel wird unterbrochen und ein Kameramann des lokalen Fernsehsenders „Canal 7", der das Spiel aufnimmt, richtet seine Kamera auf das UFO und filmt. Die Aufnahmen werden am nächsten Tag ausgestrahlt.

1999 Puerto Arenas, Chile:
Am 23. Mai setzt sich die UFO-Sichtungswelle über Chile fort. Der Pilot einer Passagiermaschine beobachtet 30 Minuten lang ein UFO. Den Berichten zufolge wird die leuchtende Scheibe auch von den Fluglotsen des Flughafens von *Puerto Natales* registriert.

2000 Sydney, Australien:
Wie schon die Monate zuvor werden am 10. Januar neuerlich Sichtungen unbekannter, orangegelber Kugeln über Australien wahrgenommen. Mehrere Zeugen sehen in einem Vorwort von *Sydney* ein Trio heller, oranger Lichter. Die Beobachter erklären übereinstimmend, dass zunächst ein Objekt langsam von Ost nach West geflogen ist, ehe kurz darauf zwei weitere Lichter auftauchen und mit ihm eine Dreiecksform bilden. Die Fluglotsen am Flughafen Sydney haben keine Erklärung dafür, da sie eine Flugzeugformation zum fraglichen Zeitpunkt ausschließen.

So weit meine kleine, natürlich unvollständige UFO-Chronologie. Aber sie macht doch anschaulich, dass man am Himmel heutzutage nicht nur Sternschnuppen und Glühwürmchen, hoch fliegende Ballons, Satelliten, Flugzeuge mit eingeschalteten Landescheinwerfern, das Mondlicht durch Wolken, Vogelschwärme, Elmsfeuer, Nordlichter und Kondensstreifen erblicken kann. Das lässt sich kaum mehr leugnen. Aber dürfen wir daraus automatisch folgern, dass uns Bewohner ferner Sterne einen Besuch abstatten?

Hysterie und Hirngespinst?

UFO-Skeptiker wie der deutschc Professor *Heinz Kaminski*, ehemaliger Leiter der Universitätssternwarte *Bochum*, bleiben „ungläubig". Gerne tritt der Astronom als wissenschaftlicher Gutachter in der Öffentlichkeit hervor. Von ihm wollte ich wissen, wie er die Problematik um den UFO-Boom beurteilt. Kaminski kopfschüttelnd: „Aus meiner vieljährigen praktischen Erfahrung ist mir kein Vorgang bekannt, der auch nur in weitgehendster Annäherung den Verdacht auf UFOs aufkommen ließe. In der Astronomie und in der Weltraumforschung werden seit etwa hundert Jahren Himmelsaufnahmen gemacht, auf denen bis heute kein unbekanntes Flugobjekt gefunden werden konnte." Doch hier irrt der Professor. Ein eindrucksvolles Umfrageergebnis unter Mitgliedern der *Amerikanischen Astronomischen Gesell-*

schaft bestätigt das. Von den 1356 zurückgeschickten und beantworteten Fragebögen drückten 80 Prozent der Wissenschaftler ihr Interesse dafür aus, dass das UFO-Phänomen weiter untersucht werden sollte. 62 Astronomen gaben zu, selbst bereits Zeuge einer unbekannten Erscheinung gewesen zu sein. Doch kein einziger Astronom wollte sein Erlebnis einem astronomischen Fachblatt melden, offenbar aus Furcht, dadurch dem Spott der Kollegen ausgesetzt zu sein. Nicht ganz unberechtigte Bedenken, wenn man Professor Kaminskis Worten lauscht: „Für mich ist die ganze UFO-Hysterie nichts anderes als ein galoppierender Schwachsinn! Ich halte UFOs für Opium oder Drogen, die das reale Denken des Menschen blockieren oder blockieren wollen."

Die Frage nach außerirdischem Leben, wie steht es damit? Wäre es technisch überhaupt möglich, dass Wesen von einem fremden Stern die Erde erreichen? All diese Spekulationen weist Kaminski naturgemäß weit von sich: „Für mich ist der Mensch und das Leben in seiner umfassenden Breite und Tiefe im Geistigen, Seelischen und Physischen ein *einmaliger* Prozess im Universum."

Und der Mensch, frage ich nach, wird er jemals das Sonnensystem verlassen können und zu anderen Gestirnen aufbrechen? „Eine interstellare Raumfahrt von Menschen könnte sicherlich technisch in noch länger vor uns liegenden Zeiträumen möglich sein, sie besitzt aber keinen realen sinnvollen Inhalt", fasst Kaminski seine ablehnende Haltung zusammen.

Renommierten Wissenschaftlern fällt es offenbar schwer, neuartige Erscheinungen und Theorien vorurteilsfrei einer näheren Prüfung zu unterziehen. Was man nicht begreift, wird ins Lächerliche gezogen oder einfach ignoriert. „Fast alle UFO-Meldungen lassen sich auf natürliche Erscheinungen zurückführen", klärt mich Dr. *Gerhard Polnitzky* auf. Er leitet die Meteorforschung am *Institut für Astronomie* an der Wiener Universitätssternwarte. Polnitzky gibt zu bedenken, dass es sehr häufig zu einer Verwechslung mit dem Planeten *Venus* kommen kann, wenn sie in günstigem Winkel zur Sonne steht und hell leuchtet wie der Mond. Auch die ehemaligen US-Präsidenten *Jimmy Carter* und *Ronald Reagan,* so haben spätere Untersuchungen gezeigt, dürf-

Eine ungewöhnliche Wolkenformation wie diese über Neuseeland, kann gelegentlich zu einer Verwechslung mit einem UFO führen.

ten aller Wahrscheinlichkeit nach Opfer dieser optischen Täuschung geworden sein. Carter 1969 und Reagan 1974, als er mit dem Privatflugzeug das vermeintliche „UFO“ verfolgte.

„Die meisten UFO-Sichtungen“, so glaubt Polnitzky, ebenso wie die Mannheimer UFO-Detektive *Werner Walter* und *Hansjürgen Köhler* des *CENAP* (= Centrales Erforschungsnetz außergewöhnlicher Himmelsphänomene), können als Verwechslungen, Disco-Strahler, Leuchtraketen, elektrisch-atmosphärische Störungen, Halluzinationen, Wichtigtuerei und Betrug entlarvt werden. Polnitzky: „Leider sind die meisten UFO-Anhänger, ich hoffe, Sie gehören nicht zu dieser Gruppe, so von der außerirdischen Existenz überzeugt, dass sie eine natürliche Erklärung völlig ignorieren.“ Als Beispiel für die Dummheit solcher UFO-Freunde führt der Astronom einen Fall an: „Vor etlichen Jahren sorgte ein greller, fest stehender Lichtpunkt, der nachmittags im Osten Österreichs beobachtet wurde, für große Aufregung. Wir konnten mit unserem Zehnmeter-Fernrohr dieses Objekt einwandfrei als *Ballon* identifizieren. Die UFOlogen aber ließen sich nicht überzeugen und antworteten: ‚Das meinen Sie, wir wissen es aber besser, das waren getarnte Außerirdische, die uns beobachteten.‘ Ich rate daher, nicht jede abnorme Erscheinung unbedingt außerirdischen Mächten in die Schuhe zu schieben.“ Gerhard Polnitzky empfiehlt zusätzlich, bei der Untersuchung solcher Phänomene stets einen Psychiater beizuziehen.

Was bleibt, ist ein ärgerlicher Rest von Beobachtungen und Erlebnissen, die sich nach Abzug aller erklärbaren oder betrügerischen Fälle jeder vernünftigen Erklärung entziehen. Auch der Wiener Astronom gibt zu, dass es solche vereinzelten Erscheinungen gibt.

Wenn jeder Versuch versagt, eine rätselhafte Erscheinung aufzuklären, wird gerne mit *„Halluzination“* argumentiert. Besonders dann, wenn bei einem UFO-Zwischenfall keine physikalischen Einflüsse in der Umgebung messbar sind und man direkt auf die Überprüfung der Zeugenaussagen angewiesen ist. Gibt es ernsthafte Gründe, an der Zuverlässigkeit oder gar am geistigen Zustand von UFO-Beobachtern zu zweifeln? Unterliegen die Berichterstatter *halluzinatorischen Effekten,* wie es der berühmte Schweizer Tiefenpsychologe Dr. *Carl Gustav Jung* zu erkennen glaubte? Wie sieht der Seelenarzt das Problem um die Zuverlässigkeit von UFO-Zeugen? Kann er überhaupt zwischen einer realen Beobachtung und einer Sinnestäuschung unterscheiden? Geht er bei seinen Bemühungen, die Wahrheit zu finden, von bestimmten Vorurteilen aus? Vorurteile, die das abnorme Erlebnis bereits vorweg als etwas „Psychologisches“ einordnen?

Die beiden amerikanischen Wissenschaftler Dr. *Berhold E. Schwarz* und Dr. *Henry A. Davidson* konnten schon in den 70er Jahren nach jahrelanger Beobachtung Tausender Patienten keinerlei Anzeichen dafür finden, dass die typischen UFO-Meldungen auf induzierte psychische Wahnvorstellungen zurückzuführen wären. Die meisten Psychiater sind dennoch skeptisch. Doch nur die wenigsten haben UFO-Beobachter persönlich untersucht oder sich eingehend mit der Materie beschäftigt. Ein Psychotherapeut, der den Charakter von UFO-Beobachtern näher untersuchte, ist der bekannte Wiener Psychotherapeut Univ.-Doz. Dr. *Peter Gathmann.* Der Mediziner ist leitender Oberarzt der psychologischen Abteilung des *Allgemeinen Krankenhauses Wien.*

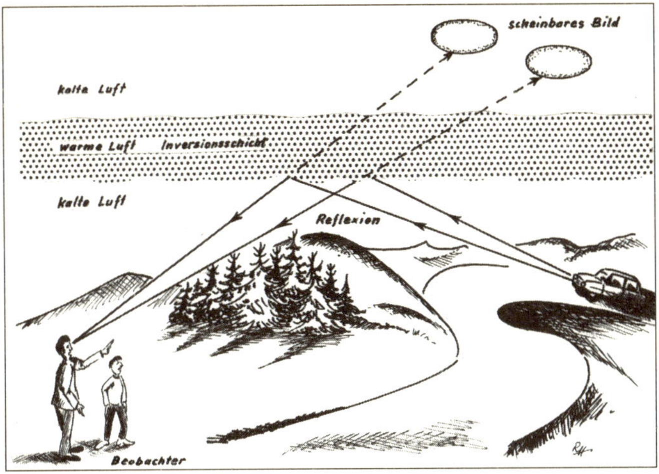

An Inversionsschichten gespiegelte Lichtbündel können „Untertassen" vortäuschen.

Gathmann versicherte mir in seiner Stellungnahme, dass er keinesfalls von der Mutmaßung ausgeht, „alle UFO- oder paranormalen Erscheinungen hätten einen psychologischen" Ursprung. Er betont ausdrücklich: „Die Tatsache allein, dass sich ein Erlebnis technisch und naturwissenschaftlich nicht *verifizieren* lässt, genügt sicher nicht, um daraus eine Projektion aus dem Unterbewusstsein ableiten zu können."

Könnten UFOs aus dem Weltraum kommen? „Der Gedanke, dass UFOs außerirdischen Ursprungs sind, ist für mich höchst stimulierend", erklärt der Tiefenpsychologe und bekennt offen ein: „Gleichzeitig ist es aber eine Möglichkeit, die ich nicht gänzlich ausschließe." Und noch ein Geständnis des Therapeuten: „Ehrlich gesagt, mir als Seelenarzt war bei der Untersuchung von UFO-Zeugen, die Tätigkeit von deren Unterbewusstsein Faszination genug. Ich habe deshalb nie versucht, Realität oder Irrealität nachzuprüfen, da es mir bei einer UFO-Sichtung hauptsächlich um die *subjektive* Realität geht. Also um jene Wahrheit, die sich eben jeder einzelne Mensch selbst vorstellt."

Etwa jede zwanzigste Meldung ist ein UFO „im *engeren* Sinn". Erst hier beginnt die eigentliche Kontroverse. Die meisten Skeptiker meinen, dass der Rest nicht aufgeklärter Vorfälle eine zu vernachlässigende Größe sei. Schon 1969 wurden in den USA die offiziellen Untersuchungen mit dem 1485-seitigen *Condon-Report* (unter der Leitung des Physikers *Edward U. Condon*) deshalb eingestellt. 90 Prozent der Beobachtungen hätten „eine *natürliche* Aufklärung erfahren" und es sei „kein Anhaltspunkt gefunden worden, dass es sich bei den UFOs um erdbesuchende Raumfahrzeuge" handeln könnte, hieß es in dem Report. Eine weitere Prüfung des Phänomens sei daher „weder aus Gründen der nationalen Sicherheit noch aus wissenschaftlichem Interesse zu rechtfertigen".

Damit schienen die UFOs offiziell beerdigt. Die rätselhaften Flugobjekte störte das aber wenig. Denn allen Beteuerungen zum Trotz überfluten gewaltige UFO-Sichtungswellen seither alle Teile der Welt. Prof. *J. Allen Hynek,* laut *Newsweek* der „Galileo der UFOlogie", hielt die Condon-Report-Schlussfolgerungen schon seinerzeit für voreilig: „Für eine Modeerscheinung dauern die Sichtungen bereits zu lange an. Man kann die Meldungen nicht mehr als Ausgeburt überhitzter Fantasie abtun." Hynek, der das wohl bekannte *Center for Ufo-Studies* in Illinois, USA, gegründet hat, glaubte stets daran, dass die Erforschung der unerklärlichen Himmelserscheinungen für die Wissenschaft eine große Herausforderung sei: „Vielleicht erleben wir die Geburt einer neuen Wissenschaft. Unsere wahre Umwelt beschränkt sich keineswegs auf die physische Welt, die wir mit den Sinnen erfassen."

Wie oft tauchen die UFOs hierzulande auf? „Durchschnittlich erhalten wir pro Woche eine Meldung", klärt mich der UFO-Forscher *Gerald Mosbleck* auf. Er hat 1972, gemeinsam mit *Hans-Werner Peiniger,* die deutsche *Gesellschaft zur Erforschung des UFO-Phänomens* (GEP e. V.) gegründet und gibt das *Journal für UFO-Forschung* (JUFOF) heraus. „Fast immer", so versichert der Forscher, „handelt es sich bei den Meldungen um Heißluftballons, Meteoriten oder Wolkenwallungen, die Disco-Scheinwerfer reflektieren, oder um Sinnestäuschung." Doch ein kleiner

Forderte eine wissenschaftliche Untersuchung des UFO-Phänomens: Prof. J. Allen Hynek.

Rest der UFO-Ereignisse, das bestätigen auch die durchaus kritischen Mitarbeiter von GEP, gibt wahrhaft große Rätsel auf. Übrigens, auch im Condon-Report werden Fälle genannt, die nicht aufgeklärt werden konnten. Dies ist umso erstaunlicher, wenn man weiß, dass das Condon-Komitee für seine UFO-feindliche Arbeitsweise berüchtigt war.

Die bisherigen Studien zeigen – entgegen allen Beteuerungen der Skeptiker –, dass UFOs sehr wohl *reale* physikalische Objekte sind. Eine Schlussfolgerung, zu der nach 25-jähriger Studie auch rund 70 Wissenschaftler, Ingenieure, Ärzte und Psychologen der deutschen *Gesellschaft zur Untersuchung von anormalen atmosphärischen und Radar-Erscheinungen* (MUFON-CES e. V.) gelangten. In einer Pressemitteilung vom 20. August 2000 heißt es: „Die beobachteten Flugeigenschaften einiger Objekte sowie registrierte enorme Beschleunigung scheinen trägheitslos zu erfolgen. Das generelle Verhalten lässt auf eine *Intelligenz* schließen. Zum Beispiel stören UFOs militärische Manöver oder spielen Katz-und-Maus mit Beobachtern. Dass es sich bei einigen UFOs um *reale, physikalische* Geräte handelt, wissen wir aus deren physikalischen Wechselwirkungen mit ihrer Umgebung."

Die langjährige Analyse Tausender UFO-Fälle offenbart laut MUFON-CES folgende Eigenschaften für das unbekannte Phänomen:

- starke messbare Gravitationsfelder im Umfeld der Erscheinung;
- auftretende Sekundäreffekte zeigen typische Störungen der Radio- und Fernsehfrequenzen sowie direkte Beeinflussung elektrischer Versorgungsnetze;
- Störungen und Ausfall von Antriebs- und Bordinstrumenten bei Autos, Flugzeugen und Schiffen;
- beschleunigte Entladung von Batterien und Aktivierung von phosphoreszierenden Stoffen oder unmittelbare Zündungen von nicht am Netz angeschlossenen Leuchtstofflampen;
- in einigen Fällen wurde erhöhte radioaktive Strahlung nachgewiesen;
- auch extreme, lokal begrenzte Hitze- und Kälteeffekte wurden registriert, sei es direkt durch UFO-Zeugen selbst empfunden oder durch ungewöhnliche Vereisung bzw. Verbrennung am Ort des Geschehens;
- ebenso wurde des Öfteren ein breites Spektrum magnetischer Störungen aufgezeichnet, von der einfachen Auslenkung einer Kompassnadel bis hin zu starken Magnetisierungen von Eisenteilen.

Die Forscher sind aufgrund bisheriger Studien nun zu der Überzeugung gelangt, dass „eine gezielte, breit angelegte Untersuchung dieser Phänomene, insbesondere der physikalischen Wechselwirkungen, sehr viele neue Erkenntnisse liefern könnte".

Immerhin haben selbst führende Wissenschaftler, durchwegs UFO-Skeptiker, 1998 eingeräumt, dass unerklärte Beobachtungen immer die Möglichkeit mit einschließen, „Neues aus der Untersuchung zu lernen". Ihre Schlussfolgerung: „Institutionelle Unterstützung von Forschung auf diesem Gebiet ist wünschenswert."

Eine Erforschung der UFO-Erscheinungen heißt jedoch nicht automatisch, dass Außerirdische im Spiel sein müssen. „UFOs sind nicht zwangsläufig die Raumschiffe außerirdischer Wesen", gibt auch der bekannte französische Computerspezialist und Autor Dr. *Jacques Vallée* zu bedenken. Der UFO-Forscher bringt

Fliegende Teller oder Träume? Wissenschaftler der Studiengruppe MUFON-CES kamen nach langjähriger Analyse Tausender UFO-Fälle zur Überzeugung: Einige UFOs sind reale, physikalische Geräte, die Gravitationsphänomene erzeugen.

die Problematik um das Phänomen auf den Punkt, wenn er freimütig klarstellt: „Die Theorie der Außerirdischen ist nicht ausgefallen genug, um die Fakten zu erklären. Ich wäre enttäuscht, wenn die UFOs nicht mehr wären als bloß Besucher von einem anderen Planeten. Wir haben es hier mit einer noch unerforschten Ebene des Bewusstseins zu tun, die unabhängig von uns Menschen, aber in enger Verbindung zur Erde existiert und die ganz eigene Beziehungen zu kosmischen Kräften unterhält."

Stellungnahmen auf höchster Ebene

Wie denken Politiker über jenes Phänomen, das weite Teile der Bevölkerung aus aller Welt seit Jahrzehnten bewegt? Wortmeldungen dazu gibt es viele. Schon *Nelson A. Rockefeller,* ehemaliger Vizepräsident der USA, äußerte als Gouverneur des Staates New York sein Missfallen gegenüber der Geheimhaltungspolitik und betonte: „Nachdem das amerikanische Volk über jede Sache von nationaler Bedeutung angemessen informiert werden sollte, ist es lebenswichtig für unsere demokratischen Vorgänge, dass das allgemeine Publikum unverzüglich und vollständig aufgeklärt wird." Und *Barry Goldwater,* Expräsidentschaftskandidat und Luftwaffengeneral der Reserve, erklärte ganz unverblümt: „Ich bin davon überzeugt, dass die Erde mehrfach von außerirdischen Intelligenzen aufgesucht wurde. Marine- und Linienpiloten berichteten mir von Fällen, wo sich UFOs bis auf wenige Meter näherten, um dann mit unvorstellbarer Geschwindigkeit davonzufliegen. Ich selbst habe noch kein UFO gesehen, aber ich glaube diesen Leuten." Dass hinter dem Phänomen mehr stecken dürfte als nur Hirngespinste, erkannte auch der ehemalige US-Präsident *Gerald R. Ford.* In einem Brief an den Militärausschuss des amerikanischen Kongresses rät Ford, „ein Hearing über das Thema UFO anzuberaumen, weil ich glaube, dass an einigen dieser Berichte vielleicht doch etwas dran ist."

Im Jahre 1966 sollten die UFOs beim UNO-Hauptquartier landen. Dem damaligen UNO-Generalsekretär *Sithu U Thant* wurde ein Memorandum vorgelegt, in dem die Ernsthaftigkeit des Problems dokumentiert und Studien durch die Vereinten Nationen angeregt wurden. U Thant schien von dem UFO-Engagement begeistert zu sein und äußerte gegenüber UN-Vertretern: „UFOs sind neben dem Vietnam-Krieg das wichtigste Problem, dem die Vereinten Nationen derzeit gegenüberstehen." Dennoch wurde noch im selben Jahr auf Bestreben der Vereinigten Staaten das UFO-Engagement gestoppt. Es dauerte elf Jahre, bis die Einrichtung einer *Studie für außerirdische Angelegenheiten* eine neue Chance bekommen sollte. Der Premierminister des kleinen Mitgliedsstaates Grenada, Sir *Eric Gairy,* erklärte 1977 das UFO-Problem in der UNO-Vollversammlung zur Tagesordnung. Er forderte einen politischen Sonderausschuss, der die Untersuchung des Phänomens mit Unterstützung der UNO einleiten sollte. Meine Anfrage, ob die UNO die Einrichtung einer UFO-Behörde tatsächlich beabsichtige, wurde mir in einem Schreiben vom 5. April 1979 im Auftrag des damaligen UNO-Generalsekretärs Dr. *Kurt Waldheim* bestätigt: „Der Ausschuss für die friedliche Nutzung des Weltraums wurde beauftragt, sich noch in diesem Jahr mit der Frage zu befassen. Auch werden die Mitgliedsstaaten aufgefordert, dem Herrn Generalsekretär alle Informationen über UFOs und überirdische Erscheinungen mitzuteilen." Eine viel versprechende Ankündigung. Mehr sollte daraus dann aber nicht werden. Die USA bekräftigten, sie würden Gairys UFO-Antrag nicht zustimmen, und die UNO-Vollversammlung lehnte ihn schließlich zur Gänze ab. Wieder einmal war die Gründung einer „Datenbank für Fliegende Untertassen" im Bereich der UNO gescheitert.

Für fast so viele Schlagzeilen wie die UFOs sorgte der frühere österreichische Bundeskanzler Dr. *Bruno Kreisky*. Zu seinen Lebzeiten liebevoll „der Alte" genannt, äußerte sich Kreisky, was kaum bekannt sein dürfte, auch zum UFO-Komplex. Noch in seiner Amtszeit als Bundeskanzler gestand er mir offen ein, dass „ich die UFO-Erscheinungen anfänglich schlicht als Hirngespinst abgelehnt habe. Meine total negative Einstellung hat sich aber angesichts der Raumfahrt und anderer Errungenschaften der Technik ein klein wenig geändert." – „Was meinen Sie mit ‚ein klein wenig geändert?" – „Ich möchte es so bezeichnen: Bei der Beurteilung dieser Phänomene und deren Augenzeugen bin ich jetzt etwas vorsichtiger geworden." Die Frage, ob er selbst eine Vorstellung darüber hätte, welches Geheimnis sich hinter dem Phänomen verbergen könnte, beantwortete Kreisky zunächst mit einem Bedauern: „Ich hatte ja leider nie das Vergnügen, ein UFO zu beobachten", schränkte Kreisky ein und ergänzte, „sollte es aber derartige Erscheinungen wirklich geben, dann handelt es sich vielleicht um ein bisher unbekanntes *Naturphänomen*. Solange keine gesicherten Beweise für die Existenz oder Nichtexistenz dieser Objekte vorliegen, kann man über den möglichen Ursprung der UFOs nur spekulieren."

Ähnliche diplomatische Gedanken äußerte seinerzeit auch Dr. *Franz Josef Strauß*. Der 1988 verstorbene CSU-Mitbegründer und vormalige Ministerpräsident des Freistaates Bayern erklärte mir auf die UFO-Frage in einem Brief vom 5. Juli 1979: „Im Lebensbereich des Menschen gibt es zweifellos heute immer noch Dinge, die rätselhaft scheinen und einer Aufklärung bedürfen. UFOs gegenüber bin ich im Allgemeinen eher misstrauisch eingestellt. Ich selbst halte UFOs für *meteorologische* Erscheinungen im Sinne von ‚Feuerbällen' oder kugelblitzartigen Phänomenen." Trotzdem hielt Strauß in seinem Brief eine „staatlich beauftragte Untersuchungsstelle für UFO-Beobachtungen für vorstellbar" und ergänzte widersprüchlich, „am besten im Zusammenhang mit den Einrichtungen der *Luftverteidigung*".

Wären UFOs tatsächlich nur meteorologische Phänomene, dann müsste man sich ernsthaft fragen, weshalb solche Objekte von Abfangjägern gejagt wurden? In einer Stellungnahme des Österreichischen Wissenschaftsministeriums beteuerte man, dass das Hauptproblem des UFO-Phänomens darin bestünde, aus der „großen Anzahl von Berichten die tatsächlich identifizierbaren Objekte von den wenigen nicht identifizierbaren Fällen auszusondern". Sind Europas Regierungen über die UFO-Problematik besser informiert, als offiziell zugegeben wird? Geistern „Untertassen"-Berichte durch die Ministerien? Das *Bundesministerium für Landesverteidigung* in Wien hat offenbar großes Interesse an der Aufklärung rätselhafter Luftphänomene. Major *Pucher,* der Chef des Generalstabes, erklärte 1983 in einem Schreiben an den Wiener Astrophysiker und Manager Dr. *Karl Grün:* „... soweit es die geografische Enge des österreichischen Territoriums zulässt, dürften wir mit Abfangjägern in der Lage sein, auch Neutralitätsverletzungen durch *extraterrestrische* Fahrzeuge zu identifizieren und geeignet erscheinende Maßnahmen zu setzen."

Was sich wie ein Witz anhören mag, hat einen guten Grund. 1980 musste Österreichs Luftwaffe noch ohne Draken-Abfangjäger auskommen. In diesem Jahr kam es am 7. Mai zu einer turbulenten UFO-Jagd über dem Dachstein, ohne dass der unbekannte Eindringling eingeholt oder gar zur Landung gezwungen werden konnte. Der Zwischenfall sorgte für Schlagzeilen in der Presse: „Um 15.50 Uhr war eine Verkehrsmaschine der KLM in etwa 10.000 Meter Höhe in der Weststeiermark unterwegs.

Saab-Aufklärungsflugzeuge jagten 1983 erfolglos einen rätselhaften Flugkörper über dem Dachstein.

Plötzlich hatte die Besatzung Sichtkontakt mit einem unbekannten Objekt, das die Piloten übereinstimmend als rund und schwarz beschrieben." Die Flugsicherung Wien-Schwechat alarmierte die Militäreinsatzzentrale. Sofort wurden zwei Aufklärungsflugzeuge vom Typ Saab 105 Oe in das betreffende Gebiet entsandt. Der Versuch, das unbekannte Objekt zu stellen, scheiterte kläglich. Mit den schnellen UFO-Manövern konnten die Saab-Maschinen nicht mithalten, die Verfolgung wurde deshalb abgeblasen. Doch kaum zwei Stunden später gab es neuerlich UFO-Alarm. Diesmal war es die Besatzung einer Lufthansa, die den seltsamen schwarzen Flugkörper über dem Dachstein sichtete. Wieder wurden „Abfangjäger" losgeschickt, ausgerüstet mit einem so genannten „Fotoaufklärer", der das UFO bildlich „festhalten" sollte. Nach Aussagen der Piloten flog das rätselhafte Objekt „mindestens dreitausend Meter höher als unsere Maschinen." Verwundert war man auch über die mit dem „Fotoaufklärer" gemachten Filmaufnahmen. Sie erwiesen sich nach der Entwicklung als völlig unbrauchbar.

Bei der Militärbehörde in Österreich hatte man inzwischen auf „Alarmstufe rot“ geschaltet. Verteidigungsbereitschaft wurde angeordnet. Der Bundeskanzler als Regierungschef sowie Verteidigungs-, Außen- und Innenminister waren informiert – ebenso das damalige österreichische Staatsoberhaupt, der inzwischen verstorbene Bundespräsident Dr. *Rudolf Kirchschläger*. Die Angelegenheit sollte geheim gehalten werden. Dass die Sache dennoch publik wurde, ist dem aufmerksamen Journalisten und Autor *Peter Krassa* zu verdanken, der seine guten Kontakte zu offiziellen Stellen der Luftfahrt zu nutzen wusste. Offiziell versuchte man den Vorfall freilich herunterzuspielen. Ein von Krassa verfasster Artikel in Österreichs auflagenstarker Tageszeitung *Kurier* wurde sofort dementiert. Ministerialrat *Johann Ellinger* zum Kurier: „Ihretwegen hat es bei uns jetzt an die 120 Telefonate gegeben.“ Ellinger und die Militäreinsatzzentrale behaupteten jedenfalls, bei dem „runden schwarzen Ding“ habe es sich lediglich um einen *Wetterballon* gehandelt. Eine Erklärung, die jedoch dem ungewöhnlichen Flugverhalten des Phänomens widersprach. Außerdem mutete es seltsam an, dass Österreichs Luftverteidigung damals nicht imstande gewesen war, einen Wetterballon zu fotografieren und den ungebetenen Besucher vom Himmel zu holen. Seither existieren berechtigte Zweifel an der offiziellen Ballon-Version. Welcher Identität der schwarze Fremdkörper über dem Dachstein wirklich gewesen war, wurde niemals geklärt.

Die Präsidentschaftskanzlei war damals von dem UFO-Zwischenfall, der Österreichs Gemüter erregte, unterrichtet worden. Bundespräsident Kirchschläger, oberster Befehlshaber des Österreichischen Bundesheeres, war seinerzeit zu einer Stellungnahme in der UFO-Frage bereit. „Ich wage es mit meinem Wissensstand nicht“, gab er in einem Brief an mich offen zu, „eine definitive Aussage über Existenz oder Nicht-Existenz unbekannter Flugobjekte zu treffen. Eines ist aber gewiss: Die Welt ist trotz der großartigen Entdeckungen, die gemacht wurden, noch voller Geheimnisse. Die Kosmologie hat mit *Teilhard de Chardin* sehr weite Tore aufgestoßen. Es bleibt weiterhin viel zu forschen und zu denken.“ Muss man also UFO-Erlebnisse ernst

KURIER

MORGENAUSGABE

Unabhängige Tageszeitung für Österreich

Samstag, 14. Juni 1980 • Nr. 164 • S 5,–

heute mit Samstag-Magazin

● Abfangjäger starteten zweimal: Erfolglos!

Heeres-Luftwaffe jagt rätselhaftes Flugobjekt in 12.000 m Höhe

Zwei Versuche der Heeresluftstreitkräfte, ein rätselhaftes Flugobjekt, das im Dachsteingebiet in einer Höhe zwischen 10.000 und 12.000 Meter manövrierte, abzufangen und zur Landung zu zwingen, scheiterten.

Das rätselhafte Flugobjekt war vom Piloten einer Verkehrsmaschine der KLM entdeckt worden. Später hatte auch ein Lufthansa-Pilot die Flugleitstelle in Wien-Schwechat alarmiert. (Lesen Sie bitte den Bericht auf Seite 20.)

Der Dachstein-Zwischenfall sorgte in Österreich für Schlagzeilen in der Presse.

nehmen? „Wer sich ehrlich um Erkenntnis bemüht, sollte nicht ins Lächerliche gezogen werden", machte Kirchschläger im Brief deutlich, schränkte aber ein, „dass alles, was außergewöhnlich und unfassbar ist, zwangsläufig einer starken Prüfung auf Echtheit bedarf".

Wäre es also somit vorstellbar, eine Behörde ins Leben zu rufen, die sich der Erforschung solcher mysteriöser Luftphänomene widmet, wollte ich vom damaligen Staatsoberhaupt wissen. Kirchschlägers skeptische Antwort: „Vorstellen kann ich mir das schon. Persönlich würde ich allerdings bei einer Reihung von Dringlichkeiten anderer uns gegenwärtig begegnenden Problemen den Vorzug geben. Ich möchte deshalb die Beauftragung einer staatlichen Stelle mit Forschungsaufgabe ‚Unbekannte Flugobjekte' in Österreich nicht in die Wege leiten. Freilich bleibt es im Zuge der Freiheit jedem Forscher und damit auch zum Beispiel jedem Universitätsinstitut, das über einschlägige Erkenntnisse verfügt, unbenommen, sich mit dieser Frage auch zu befassen."

Vorsichtige Bemühungen in diese Richtung gab es schon einige. In Österreich wurde dank privatem Unternehmungsgeist sechzehn Jahre nach dem Dachstein-Zwischenfall das „Projekt zur wissenschaftlichen Untersuchung ungewöhnlicher atmosphärischer Leuchtprozesse im Raum Österreich“ gestartet. Der Begriff „UFO“ wurde von Beginn an wegen seiner unterschwelligen Gleichsetzung mit „Außerirdischen“ peinlichst vermieden. Geophysikalisches Institut, Sternwarte, Flugsicherung und Wissenschaftler sollten vorurteilsfrei eine geophysikalische Annäherung an das Phänomen erreichen. Bisher leider ohne die ersehnten Ergebnisse. Nicht zuletzt durch fehlende finanzielle Mittel ist eine flächendeckende Studie problematisch. Der Projektkoordinator, Forscher und Techniker *Oliver Stummer* ist dennoch zuversichtlich und begründet die Wichtigkeit der Studie: „Das Thema ist in den letzten Jahrzehnten zunehmend in den Brennpunkt des öffentlichen Interesses gerückt und somit als eine seriöse Auseinandersetzung auch im Sinne der Volksbildung durchaus zu begrüßen.“ Menschen, die ein ungewöhnliches Lichtphänomen beobachtet haben, sollen wissen, an welche Stelle sie sich wenden können. „Dies sei eine Voraussetzung für exakte Untersuchungen“, es müsse eine „zentrale Sammelstelle für ungewöhnliche Sichtungen“ geben, erklärt Stummer und bringt die Sache auf den Punkt: „Schon aus Gründen des Datenschutzes ist es unerlässlich, eine *offizielle* Institution mit dieser Aufgabe zu betrauen, zumal Privatinitiativen für wissenschaftliche Analysen wertlos sind, da sie sich einer Objektivitätskontrolle entziehen.“

Berechtigte Bedenken, die im Jahre 1993 in einem Ausschuss im *Europäischen Parlament* zum Vorschlag führten, die französische Raumfahrtagentur CNES innerhalb Europas mit einem erweiterten UFO-Forschungsauftrag auszustatten. Auslöser waren damals die Luftraumverletzungen durch große dreieckige Flugkörper, die lautlos ab 1989 über Belgien gesichtet wurden. Der Stabchef der Belgischen Luftwaffe, General *de Brouwer,* gab 1990 offen zu, dass „das Verteidigungssystem der NATO gegen diese Maschinen machtlos“ sei.

Die militärische Luftraumüberwachung scheint mit den „ungebetenen Eindringlingen“ schon lange überfordert zu sein. Am 5. August 1996 beobachteten sechs Schweizer Fluglotsen des Militärs einen großen silbernen Teller in der Luft rotieren. Unabhängig voneinander bestätigten drei Radarsysteme die ungewöhnliche Sichtung. Zwischenfälle wie dieser sind kein Einzelfall.

Der oberste Chef der Schweizer Luftwaffe bestätigte am 24. Oktober 1994 gegenüber der ARD: „Es gibt diese Phänomene!“ Wenn dem so ist, weshalb unternimmt niemand etwas zur Aufklärung? „Da es aus militärischer Sicht keine Bedrohung gäbe, ist auch keine wissenschaftliche Auswertung notwendig“, heißt es dazu lakonisch. Und ergänzend erklärte der Luftwaffen-Informationschef *Jörg Nussbaum:* „Die Luftwaffe sah in der angeblichen Existenz von UFOs nie eine Gefahr. Für eine Untersuchung fehlten uns aber die politischen, finanziellen und personellen Mittel.“

Warum weigern sich Militärs, mit engagierten zivilen Forschern zusammenzuarbeiten? Gibt es gute Gründe dafür, weshalb Daten zurückgehalten werden? Weiß man offiziell mehr, als zugegeben wird? Das Phänomen als solches wurde mittlerweile als real erkannt. Unverständlich bleibt daher die ausdrückliche Weigerung, eine internationale Erforschung des UFO-Phänomens einzuleiten. Eine solche Studie würde den Forschungstrieb der Wissenschaft fördern und wäre im Interesse aller Menschen. „In der Bevölkerung besteht ein enormer Informationsbedarf“, bestätigen die Akademiker von MUFON-CES. Ihr Resümee: „Wir hoffen, dass die Arbeiten unserer Studiengruppe und anderer, die sich ernsthaft mit dem Phänomen wissenschaftlich auseinander setzen, ein Katalysator für Entscheidungsträger in der Politik und in der Forschung sein werden. Eine Regierung, die Ufo-Vorfälle nicht nachprüft, wartet darauf, dass die führende Nation der Welt ihre Untersuchungsergebnisse der Öffentlichkeit mitteilt. Doch haben die USA ihre Verbündeten – nach unseren Kenntnissen – nie über solche Ergebnisse informiert.“

Dies mag wohl auch die Motivation für das *Project Starlight Briefings* gewesen sein. Im April 1997 wurde es von dem internationalen *Center for Study of Extraterrestrial Intelligence,* kurz CSETI genannt, aus der Taufe gehoben. Ziel des Projektes sollte sein, Kongressabgeordnete, ranghohe Politiker und Medienvertreter über die Bedeutung des UFO-Phänomens aufzuklären und eine Anhörung vor dem US-Kongress durchzusetzen. Der Direktor Dr. *Steven Greer* forderte Politiker und Medien auf, das UFO-Thema offen und vorurteilsfrei unter die Lupe zu nehmen, und stützte sich bei seinem Vorhaben auf ein Paket der besten zur Verfügung stehenden Belege aus 250 offiziellen Regierungsdokumenten, darunter UFO-Filmaufnahmen aus aller Welt und geheime Akten, die erst 1994 vom CIA freigegeben wurden.

Doch der erhoffte Durchbruch, um eine offizielle UFO-Studie einzuleiten, lässt bisher weiter auf sich warten. Der bekannte Astrophysiker und Chef der UFO-Forschungsgruppe MUFON-CES, *Illobrand von Ludwiger,* hofft dennoch weiter auf einen Wandel in der offiziellen Beurteilung von UFO-Meldungen und registriert bereits eine Veränderung: „Seit einigen Jahren nimmt die Zahl der Wissenschaftler stark zu, die das wissenschaftliche *Journal of Scientific Exploration* lesen und dessen Beiträge über UFOs diskutieren." Der bekannte Forscher ist überzeugt davon, dass nur solide wissenschaftliche Untersuchungen das Thema vom Image des Unseriösen befreien könne. Ludwiger unmissverständlich: „Kritische Studien zu jedem einzelnen Bericht sind notwendig. Ebenso Analysen durch mehrere Psychiater und Psychologen, wenn es um Personen mit Entführungserlebnissen geht. Erst dann können Erkenntnisse geliefert werden, die gesichert sind, was das Ziel jeder seriösen wissenschaftlichen Arbeit sein sollte."

Sammelsurium fantastischer Theorien

„Das Leugnen kosmischer Intelligenzen hat verschiedene Gründe", erklärt die Südtiroler Ethnologin *Christiane Ladurner* in ihrer beherzten Diplomarbeit über das UFO-Phänomen. Die vor zwei Jahren erstellte Arbeit *„Begegnung mit dem Fremden"* kann an der *Universität Wien* eingesehen werden. Als bedeutendsten Aspekt der Ablehnungsfront nennt Ladurner den machtpolitischen: „Politik, Religion, Wirtschaft, das soziale Gefüge würde unter dem Eindruck eines ‚offenen Kontaktes' zusammenbrechen, von der psychologischen Warte her würden die

Menschen in Panik geraten und das Weltbild der meisten Menschen würde zusammenbrechen." Die engagierte Völkerkundlerin hält es daher für wichtig und notwendig, „dass wir unser Bewusstsein und Weltbild ändern, das heißt uns bewusst werden, dass wir das wahre Sein und die dazugehörige Ordnung nur dann erkennen und erreichen können, wenn wir unser begrenztes Denken und Handeln ändern und in kosmischen, universellen Bahnen denken."

Ladurners eindringlicher Appell an ihre Wissenschaftskollegen: „Die Forschung über das UFO-Phänomen, sei es nun in der Gegenwart oder in vergangenen Zeiten und anderer verwandter Themen sollte von ihrer marginalisierten Stellung ins Zentrum der Wissenschaft hereingeholt werden." Begründung: „Diese grenzwissenschaftlichen Studien können uns sicherlich helfen, Antworten auf viele ungelöste Fragen zu finden, die mit der etablierten Wissenschaft nicht beantwortet werden können, weil ihre Methoden oft zu einseitig sind."

Ansätze für einen Bewusstseinswandel in der Wissenschaft sind erkennbar. So hält der bekannte deutsche Weltraumexperte Professor *Harry O. Ruppe,* der lange den Lehrstuhl am Institut für Raumfahrttechnik in München innehatte, wo Zukunftsperspektiven der Allforschung entwickelt werden, „interstellare Reisen zu anderen Gestirnen für möglich", schränkt aber ein, dass „diese Entwicklung noch mindestens hundert Jahre vor uns liegt".

Könnten die „Anderen" bereits Wege gefunden haben, die gewaltigen kosmischen Distanzen zu überbrücken? „Zweifellos gibt es zahlreiche durchaus ernst zu nehmende Beobachtungen, die zum Ausdruck bringen, dass es rein vom Prinzip her solche Fluggeräte geben kann", gibt Ruppe freimütig zu und ergänzt: „Ich kenne aber keinen naturwissenschaftlichen Beweis dafür. Andererseits muss ich eingestehen, dass ich von der Naturwissenschaft her auch keinen Beweis aufzeigen könnte, der die UFO-Existenz ausschließt. Ich muss UFOs in die Rubrik einordnen, wo ich mich offen halte und keine feste Meinung in die eine oder andere Richtung beziehe, weil die Grundlage dafür in rationaler Weise nicht verfügbar ist." Sollte in der UFO-Frage weitergeforscht werden? Ruppe betonend: „Ich halte es für wichtig und sinnvoll, dass sich Leute, vor allem Wissenschaftler, um eine Klärung dieser rätselhaften Erscheinungen – was immer sie sind – bemühen.“

Inzwischen wurden unzählige Theorien vorgebracht, um das Geheimnis der UFOs zu enthüllen. Außerirdische, die in unsere Entwicklung eingreifen, zählen zum Lieblingsthema. Vieles weist jedoch darauf hin, dass wir für das UFO-Geschehen nicht nur eine Erklärung parat halten sollten. Hundertprozentige Beweise für die Richtigkeit der einen oder anderen Hypothese gibt es heute noch nicht. Zu umfangreich und kompliziert ist die Materie, als dass man sie einfach generalisieren könnte. Alles dreht sich um die grundlegenden Fragen: *Wer* sind sie? *Woher* kommen sie? Sind es noch unentdeckte Naturphänomene? Oder ist eine fremde Intelligenz für den Himmelsspuk verantwortlich? Bringen UFOs Gefahr oder Hilfe? Sind die rätselhaften Objekte am Firmament zufällige Erscheinungen? Oder steckt eine gezielte Strategie unbekannter Mächte dahinter?

Riesen-Lichtblitze

Für über 90 Prozent der UFO-Meldungen gibt es eine naturwissenschaftliche Erklärung. Manchmal dauert es allerdings viele Jahre, bis man sie findet. Ein Beispiel sind eindrucksvolle, bisher unbekannte Lichterscheinungen, die von Flugzeugpassagieren und der Besatzung des Spaceshuttles schon des Öfteren in der Atmosphäre beobachtet wurden. Das Phänomen wird als „gewaltige Blitze“ beschrieben, manchmal auch als „riesiges, rotes Licht“, das aus einem blauen Lichtkegel nach oben schießt. Vor kurzem ist es gelungen, dieses Phänomen erstmals zu fotografieren. Dadurch konnten die Wissenschaftler erkennen, dass die roten Superblitze bis zu 60 Kilometer Höhe und Durchmesser erreichen. Die blauen Kegel breiten sich etwas weiter unten mit einer Geschwindigkeit von fast 100 Stundenkilometer aus. Die Entstehung solcher Blitze, so erklären Meteorologen, soll mit „normalen, irdischen Blitzen“ zusammenhängen, die auch in höheren Schichten Auswirkungen haben und für einige UFO-Beobachtungen, die von Flugzeugbesatzungen gemacht wurden, verantwortlich sein dürften.

Eiswürfel, die vom Himmel fallen

Können gewaltige Eisbrocken, groß wie ein Haus und bis zu 20 Tonnen schwer, UFO-Alarm auslösen? Eisiges und höchst Seltsames scheint sich seit Jahrhunderten über unseren Köpfen zuzutragen. Der Amerikaner *Charles Fort* sprach schon vor 80 Jahren davon, dass die Erde von anderen Lebewesen besucht werde, und sammelte Hunderte von Schilderungen über Lichterscheinungen und Kräfte des Himmels. Von Frosch- und Fischregen berichtete Fort ebenso wie über rätselhafte Eisbrocken und andere mysteriöse Geschosse aus dem All. Doch nicht jeder Fall bleibt ungeklärt. Schon zu Zeiten Kaiser *Karls des Großen* soll ein Eisblock in der Größe von 5 mal 2 Meter und 3,5 Meter Höhe vom Firmament gefallen sein. Und im Jahr 1849 wird ein Eisblock beschrieben, der bei Ord in Schottland niedergegangen war und einen Umfang von mehr als sieben Meter hatte. Heute mag sich so mancher „unidentifizierter Himmelskörper" bei näherer Untersuchung als gefrorener Inhalt einer Flugzeugtoilette entpuppen. Aber was ist mit jenen Berichten aus einer Epoche, wo es unseres Wissens nach noch keine Luftfahrt gab?

Der amerikanische Astronom *Louis Frank* von der Universität von Iowa hat 1986 erstmals von Rieseneiswürfeln berichtet, von denen etwa 20 Brocken pro Minute in die Erdatmosphäre eintreten, doch damals schenkte ihm niemand Glauben. Erst 1997 sei der NASA der Nachweis hierfür gelungen, berichtet das britische Wissenschaftsmagazin *New Scientist*: Ein Satellitenbild zeigt deutlich die Spur eines solchen Eisbrockens. „Der beobachtete Beweis ist überwältigend", so *Thomas Donahue* von der Universität Michigan, früher einer der schärfsten Kritiker Franks. Die Entdeckung, so heißt es weiter, stelle viele Theorien der Wissenschaft in Frage. Möglicherweise haben die „eisigen UFOs" organische Moleküle auf die Erde gebracht, die die Entwicklung des Lebens förderten.

Kugelblitz und „wissenschaftssoziologischer Leckerbissen"

Über viele Jahrhunderte leugneten Naturwissenschaftler die Existenz von *Kugelblitzen*. Heute befassen sich Wissenschaftler mit diesem unheimlichen Phänomen. Inzwischen gelang es japa-

Fotos bizarrer Kugelblitze sind selten. Diese Aufnahme glückte Werner Burger im Süden Vorarlbergs.

nischen Forschern, durch elektrische Entladungen verschiedene Formen von Kugelblitzen im Labor *künstlich* zu erzeugen. Doch der Ursprung der Feuerbälle liegt, wie jene der UFOs, nach wie vor im Dunkeln. Handelt es sich um leuchtende und bewegliche Gebilde, die nur während eines Gewitters auftreten? Stecken hochenergetische Plasmagebilde dahinter? Haben wir es mit einem ungeheuren heißen, elektrisch leitenden Gasgemisch zu tun? Es gibt Forscher, die es für sehr wahrscheinlich halten, dass noch unbekannte Lichtkugeln oder irreguläre Leuchtmassen existieren, die als Auslöser für so manchen UFO-Vorfall verantwortlich zeichnen. UFOs und kugelblitzähnliche Phänomene haben eines gemeinsam: Es ist schwer, wissenschaftliche Daten, Fotos und Spuren zu sichern. Nur selten gelingt ein Schnappschuss wie jenes sensationelle Farbfoto von *Werner Burger* aus St. Gallenkirch im Montafon, Vorarlberg, der im August 1978 bei einem Gewitter ein Funken sprühendes, heller werdendes Objekt fotografieren konnte. Ebenso markant sind auch die Unterschiede: der meist kleinere Durchmesser der Kugelblitze sowie die kurze Beobachtungsdauer. Was wissen wir über Leuchtbälle? Im Grunde genommen sehr wenig. Einer, der sich dieses Forschungszweiges angenommen hat, ist der Wiener Physiker und Umweltpsychologe Dr. *Alexander Keul*. Der Wissenschaftler hat über 300 Kugelblitzfälle persönlich untersucht und mittels EDV Statistiken erstellt. Er kennt die Problematik „flüchtiger Phänomene" sehr genau und rät daher: „Die Untersuchung von Analysen und Daten bei UFO- und kugelblitzähnlichen Erscheinungen sollte nicht mit weltanschaulichem Streit oder spekulativer Physik beginnen, sondern mit einer ordentlichen Falldokumentation unter Berücksichtigung der Psychologie von Augenzeugenberichten." Keul fordert daher eine *interdisziplinäre* Untersuchung solcher Phänomene, weil „kein Experte qualifiziert und allein kompetent genug" sei, „ein Videoband, verbranntes Gras oder Spuren auf einer metallischen Oberfläche zu analysieren." Darüber hinaus ortet der Blitzforscher in den UFOs ein „wandlungsfähiges *soziales* Phänomen", das sich „gerade in der Fülle unterschiedlicher Erklärungen und kontroverseller Deutungen" darlegt. Keul: „Die australischen Ureinwohner, die Aborigines, erleben in Trance naturnahe ‚Traumzeit'-Gestalten; wir, die Großstadtmenschen, erleben ‚Astronauten von drüben', die vor dem Atomkrieg warnen."

Aus dem Inneren der Erde

Lange bevor der Begriff UFO geprägt wurde, wissen wir von Berichten über rätselhafte Irrlichter im Moor, geheimnisvollen Meeresleuchten, dem kalten Elmsfeuer, gespenstischen Himmelslichtern: Solche Erscheinungen haben auch in Sagen und Legenden ihren Niederschlag gefunden. Können diese Leuchtphänomene mit dem modernen UFO-Mythos in Zusammenhang gebracht werden? Gibt es *geomagnetische* Prozesse, die Leuchterscheinungen in der Atmosphäre auslösen können? Woher kommen die seltsamen „Erdbebenlichter", von denen immer wieder Augenzeugen berichten? Am Himmel zwischen Los Angeles und San Francisco werden solche UFO-Aktivitäten besonders häufig registriert. Der amerikanische Geophysiker *John Derr* schreibt die vermeintlichen Besucher aus dem All irdischen Phänomenen zu: Die Lichterscheinungen sind Vorboten eines Erdbebens. In seiner Studie konnte er nachweisen, dass Dutzende UFO-Sichtungen aus dem Jahr 1951 und 1952 im Radius von 100 Kilometer um das Epizentrum von drei Erdbeben in Santa Fe lagen. Die österreichische Forschungsgruppe *Zentrale Erfassung ungewöhnlicher Sichtungen* (Z.E.U.S.) verfügt über ein Archiv von über 350 historischen Berichten, über Vulkanausbrüche und massivere Erdbeben (bis hin zu katastrophalen Zerstörungen wie jene der japanischen Stadt Kobe 1995), bei denen UFO-artige Phänomene als unmittelbare Vorboten oder Begleiter beobachtet, fotografiert oder sogar gefilmt worden sind. Einige Geophysiker vertreten die kühne These, dass die Erde in menschenleeren Regionen von *quasiintelligenten* Wesen bevölkert wäre. Fremdartige Lebewesen, die völlig anders als Menschen und Tiere aufgebaut sein sollen. Sie würden auf rein *energetischer* Basis existieren und seien als kugelblitzartige Kreaturen imstande, unser Bewusstsein anzuzapfen.

Luftige Untertassen aus Staub

Wie heiße Luft klingt der Versuch einer Erklärung der russischen Wissenschaftler *Andrej Monin* und Prof. *Georgi Barenblatt:* Ihrer Ansicht nach sind Staubschichten in der Atmosphäre, die die Form von Scheiben annehmen können, für viele UFO-Sichtungen verantwortlich. An den Grenzen der verschiedenen Luftschichten, die sich ständig bewegen, entstehen Wellen, die, ebenso wie Wasserwellen im Ozean, anwachsen und als Wellenkämme herabstürzen können. Dabei sollen „Flecke“ entstehen, das heißt Bereiche, die sich durch Dichte, Temperatur und Charakteristika von ihrer Umgebung unterscheiden. Nach einiger Zeit beginnen, gemäß dieser These, die Flecke zu zerfließen. In einem Labor der Akademie der Wissenschaften in Moskau hat die Mathematikerin *Jelena Tichomirowa* entsprechende Bedingungen geschaffen und „Fliegende Untertassen“ künstlich hergestellt. Dabei zeigte sich, dass turbulente Luftmassen innerhalb der Luftschichten, egal welche Form sie anfangs hatten – Quadrate, Dreiecke oder Kreuze –, letzten Endes immer die Erscheinung eines scheibenförmigen Gebildes annahmen. Die Forscher meinen daher, dass die atmosphärischen Scheiben im Grunde genommen Luft in Luft sind.

Die Masse der eingefangenen Staubteilchen ist so gering, dass schon ein leichter Windhauch genügt, um der „Untertasse“ eine große Geschwindigkeit zu verleihen oder die Richtung ihrer Bewegung schroff zu verändern. Mit zunehmender Teilchenanzahl beginnt die Scheibe herabzusinken und schaukelt dabei wie ein herabfallendes Blatt zu Boden. Im Verlauf der allmählichen Auflösung verändern sich die Bedingungen innerhalb der Staubscheibe, worauf sich das Gebilde schließlich mit der umgebenden Luft vermischt und auf scheinbar geheimnisvolle Weise verschwindet.

Statt UFOs die Motten erforschen

Manchmal überrascht der Einfallsreichtum, den Gegner vom Besuch aus dem All vorlegen: Aus den 70er Jahren stammt eine Studie von *P. S. Callahan* und *R. W. Mankin*. Die beiden Autoren sind der Überzeugung, des UFO-Rätsels Lösung gefunden zu haben. Bei der Lektüre einiger Augenzeugenberichte fiel ihnen auf, wie sehr das Flugverhalten von angeblichen UFOs mit demjenigen von Insektenschwärmen übereinstimmt. Aus diesem Gedanken schlossen Callahan und Mankin, dass es sich bei den in der Nacht beobachteten „UFO-Leuchtphänomenen" in Wirklichkeit um von *Insektenschwärmen* abgegebene Lichtenergie handeln muss. Den fantasiebegabten Forschern fiel es in der Folge nicht schwer, ihre Hypothese in gezielten Laborversuchen zu erhärten: „Innerhalb künstlich erzeugter elektrischer Felder zeigten sich orangefarbene, bläuliche und grünliche Entladungserscheinungen, so genannte Büschelentladungen". Fazit für die beiden Wissenschaftler: Nächtliche UFO-Leuchtphänomene können auf Balzspiele von Leuchtkäfern zurückgeführt werden. Keine Außerirdischen, sondern Büschelentladungen einer sich im elektrischen Feld einer Gewitterwolke tummelnden Mottenart sind für die UFO-Aktivitäten verantwortlich. Man solle daher nicht UFO-Forschung betreiben, sondern *Zoologie,* schlugen die Mottenforscher vor.

UFOs aus Gedankenkraft

Manche PSI-Forscher sehen enge Verbindungen zwischen parapsychologischen Phänomenen und UFOs. Grund genug für den Philosophen und Parapsychologen *Ernst Wunder,* in einer ganz bestimmten Richtung zu forschen. Er will sich seine Informationen auf dem medialen Weg aus dem Jenseits geholt haben. Belege für seine These, dass UFOs aus *Gedankenkraft* entstehen, will Wunder in Seancen und in medialen Meditationen erhalten haben. Der Forscher glaubt, dass er seine These durch Aussagen verstorbener Wesenheiten begründen kann, die hätten ihm nämlich mitgeteilt, dass UFOs nicht technischen Ursprungs sind. Auf hoch entwickelten Planeten sei es, so erklärt Wunder, nicht nur möglich, mit Hilfe von Gedankenkraft, Gebäude zu errichten. Diese Energie kann genauso gut zum Bau von Raumschiffen eingesetzt werden. Radiosignale, die wir Menschen aus dem All wahrnehmen, seien in Wirklichkeit außerirdische Gedankenkraft. Diese Kraft stecke auch hinter den UFOs. Ernst Wunder sieht hier Gemeinsamkeiten zu irdischen Geistheilern wie dem Inder *Sai Baba,* der angeblich mit Geisteskraft aus dem Nichts Materie schaffen kann. Wenn man den Guru fragt, was er da macht und wieso er das kann, gibt er keine direkte Antwort. Er sagt nur allgemein: In jedem Menschen stecken die Talente zu solchen Wundertaten. Allerdings verliert sie jeder, der sie nur für sich selbst nutzt und damit nichts Gutes tut. Wieweit dieser Inder wirklich diese Fähigkeiten hat oder einen Trick ausspielt, ist nicht geklärt. Mehrere Medien haben jedenfalls erklärt, Stimmen aus dem Jenseits hätten ihnen versichert, UFOs seien Schöpfungen aus der geistigen Kraft fremder Intelligenzen. Manche Geisterjäger meinen sogar, UFOs selbst seien eine Art Energieform längst verstorbener Menschen, die so als *Lebewesen* sichtbar werden.

Geheime Militärprojekte

Sind UFOs *Geheimwaffen* und neu entwickelte Flugobjekte der Militärs? Dass zum Fliegen nicht unbedingt ein Vogelschwingen-ähnlicher Flügel notwendig ist, bewies der französische Physiker *de Sanderval* schon 1885: Er baute die ersten Flugmodelle mit scheibenförmigen Tragflächen. In den USA flogen dann in den 30er Jahren die ersten bemannten Versuchsflugzeuge mit großen Scheibenflügeln. Gegen Ende des Zweiten Weltkriegs baute die amerikanische Firma *Chance-Vought* den „fliegenden Pfannkuchen“, ein über 600 Stundenkilometer schnelles Kampfflugzeug mit zwei Propellerturbinen. Gerüchte über „Fliegende Untertassen“, die etwa zur gleichen Zeit in Deutschland unter strengster Geheimhaltung entwickelt worden sein sollen, tauchten einige Jahre nach Kriegsende auf. Der drei Tonnen schwere

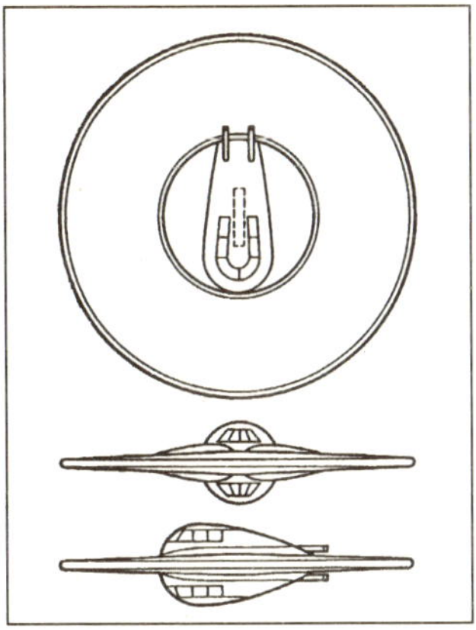

Entwurf für eine „Fliegende Untertasse“, die während des 2. Weltkriegs von der deutschen Rüstungsindustrie erarbeitet wurde. Angeblich standen die neuartigen Flugscheiben kurz vor ihrem Einsatz.

Ende der 50er Jahre wurde im Auftrag der US-Luftwaffe und der US-Army die untertassenförmige AVRO-Scheibe hergestellt.

„Flugkreisel“ mit 14,40 Meter Durchmesser des Erfinders *Rolf Schriever* soll, von fünf Düsenmotoren angetrieben, nach Berichten eines Augenzeugen im Februar 1945 in Prag erprobt worden sein und hohe Überschallgeschwindigkeit erreicht haben. Auch einer von Dr. *Miethe* (einem hoch qualifizierten Ingenieur im Dienst der deutschen Rüstungsindustrie) entwickelten „Flugscheibe“ wurden sagenhafte Flugleistungen nachgesagt.

Die Idee kreisförmiger Fluggeräte wurde immer wieder von Militärs aufgegriffen. So weiß man zum Beispiel, dass sich die kanadische Firma *AVRO* in den 50er Jahren mit einem „fliegenden Diskus“ beschäftigte. Angeblich wurden die Studien von den Flugzeugkonstrukteuren bereits im Anfangsstadium wieder aufgegeben. Neuartige Flugvehikel zeigen allerdings, dass militärische Forschung seit Jahren weiterhin an der Entwicklung „irdischer UFOs“ experimentieren. So hat die amerikanische Firma *Sikorsky* unbemannte Fluggeräte für militärische und zivile Luftaufklärung konstruiert, die an eine Art fliegenden Gugelhupf erinnern. Derzeit wird ein 150 Kilogramm schweres „UFO" getestet, *Cypher* genannt, das bis zu einer Entfernung von 30 Kilometer davonschweben soll, ohne dass der am Boden stationierte „Pilot" noch Sichtkontakt zu dem Fluggerät hat. Beobachter der UFO-Szene schließen nicht aus, dass etwa die zu Beginn der 90er Jahre häufig gesichteten Dreiecks-UFOs ein neues Geheimflugzeug darstellen. Die Frage, die sich viele UFO-Anhänger dennoch stellen: Woher stammt das Wissen für diese Supertechnik? Wurde die überlegene Technologie von außerirdischen Raumschiffen kopiert?

Rückkehr ehemaliger Nationalsozialisten

Eine verschworene Gemeinde von UFO-Gläubigen ist überzeugt davon, dass unter der Antarktis Nazi-Basen installiert sind, die mit Hilfe „Fliegender Untertassen" die Erde beobachten und kontrollieren. „Es gibt gute und böse Aliens", erklärt *Virgil Armstrong,* ehemaliger Soldat bei den amerikanischen Green Berets und angeblich als CIA-Agent bei der Bergung eines abgestürzten UFOs dabei gewesen. Armstrong: „Die Guten wollen unsere Seelen retten und Liebe bringen. Aber die Bösen waren zuerst da. Sie haben sich mit Nazi-Deutschland verbündet – Adolf Hitler bekam die Konstruktionspläne für eine Flugscheibe und stellte ihnen dafür Gefangene aus den Konzentrationslagern für Versuche zur Verfügung. Bei Kriegsende konnten einige Nazis dann mit UFOs zum Südpol flüchten und die bösen Außerirdischen verhandelten mit dem amerikanischen Präsidenten Harry S. Truman."

Irdische Objekte geheimer Logenbrüder

Der Wiener Pilot und Taxiunternehmer *Felix R. Maschek* ist als Generalsekretär der 1959 gegründeten *Interplanetarik Austria* (IPAA) auch nicht bereit, an den außerirdischen Ursprung der UFOs zu glauben. Seine Erklärung: „Unsere Studiengruppe nimmt an, dass die Flugkörper irdische Maschinen sind, aber mit einer weit fortgeschrittenen Technik. Auch die Besatzungen dieser Fluggeräte sind irdische Menschen." Seit Jahrhunderten gebe es „auf der Welt geheime Akademielogen“, so Mascheks kurz gefasste Theorie. „Geheime Zirkel von erleuchteten Wissenden“ also, die eine verborgene Elite bilden und seit jeher abgesondert von der übrigen Menschheit leben. „Schauen Sie“, meint Maschek, „wenn Sie und ich jetzt das Geheimnis entdeckt hätten, wie man sich unsichtbar macht oder wie man ewig lebt, dann würden wir das niemandem sagen – nicht wahr? Wir würden unter uns bleiben. Und das tun diese Leute auch.“ Bevorzugte Stützpunkte der UFOnauten sollen sich in Südamerika, Australien, Tibet sowie im österreichischen Gänserndorf und in der Steiermark befinden. Die bei UFO-Entführungen gesichteten kleinen grauen Wesen sind laut Maschek „künstlich erzeugte Mutanten“ einer geheimen Supermacht.

Auserwählte

Immer wieder bilden sich um angebliche oder tatsächliche UFO-Kontaktpersonen sektenartige Zirkel. Der Glaube an Weltuntergangsstimmung ist der Nährboden für Endzeitprediger jeder Art, auch für etliche Religionen wie *Fiat Lux, Reál, Ummo* oder *Sonnentempler*. Die Erlösung erfolgt durch außerirdische Engel, die in ihren Raumschiffen auf der Erde landen und den auserwählten Teil der (UFO-)gläubigen Menschheit abholen. Oft enden diese wirren Vorstellungen mit einem tragischen Massenselbstmord wie 1997 im Fall der Computer-Sekte *Heaven's Gate* („Himmelstor“), die in der Ankunft des Kometen *Hale-Popp* ein Zeichen sah, ihr Leben zu beenden. Der Suizid-Aufruf war im Internet von Guru *Marshall Applewhite* angekündigt worden: „Selbstmord ist nötig, um die ‚nächste Stufe des Bewusstseins‘ zu erreichen“, propagierte der Sektenchef und rechtfertigte die abstruse Selbstmordthese als „Notlösung“. „Wir warten sehnlich auf ein UFO, das uns aufnimmt und in die nächste Stufe mitnimmt. Dann könnten wir vorerst in unseren Körpern bleiben.“ Die Sekte rechnete mit Widerstand und Verfolgung: „In diesem Fall sollten wir unsere Körper verlassen.“

Das Ashtar-Kommando

Retter aus dem All ersehnt sich auch die New-Age-Szene. Vor

einigen Jahren initiierte die Schauspielerin *Shirley MacLaine,* die behauptete, spirituelle Botschaften von wohlmeinenden Geistern empfangen zu haben, den triumphalen Einzug der esoterischen New-Age-Bewegung in die UFO-Szene. Leider wurde damit dem Versuch, das UFO-Phänomen nach streng wissenschaftlichen Methoden einer Lösung näher zu führen, kein guter Dienst erwiesen. UFO-Forschung wird seither von Skeptikern gleichgesetzt mit UFO-Glaube an „freundliche Wesen aus vielen Welten und Bewusstseinsebenen“, die seit Jahrmillionen über die Erde wachen und uns zur Vollkommenheit führen wollen. Diese Wesen bilden das *Ashtar-Kommando*. Überall auf unserem Planeten leben Inkarnationen dieser intergalaktischen Friedensgruppe, die unsere überirdischen Wohltäter „channeln“ (durch sich sprechen lassen). Jene auserwählten Menschen, die die Liebesbotschaft des Ashtar-Kommandos rechtzeitig annehmen, sollen von den Superraumschiffen unserer Hüter aus dem All vor der Apokalypse gerettet werden. Dies sollte noch vor der nächsten Jahrtausendwende stattfinden, wie der Seher *Nostradamus* vorausgesagt haben will. Passiert ist bekanntlich nichts in dieser Richtung. Dic Rcttcr blieben aus.

Biologisches Testprogramm

Dass Menschen unter uns leben, die von Außerirdischen abstammen, davon ist der Autor *Brad Steiger* überzeugt. In seinem Buch *„The Star People“* liefert er Tipps dafür, wie man raffiniert getarnte Außerirdische erkennen kann. Nach Brad Steiger könnte die Menschheit in Wirklichkeit eine Art *biologisches Testprogramm* sein, aus dem die Beobachter einer fernen außerirdischen Rasse Informationen über uns gewinnen wollen. Steiger: „Sie wollen sehen, ob bei uns eine wissenschaftliche, technologische und spirituelle Evolution zustande kommt.“ Eine Blondine, die schon immer wusste, dass sie eine Außerirdische ist, nennt sich *Omnec Onec* oder bürgerlich *Sheila Gibson*. Die attraktive Dame behauptet, 250 Jahre alt zu sein, und will 1955 angeblich als Kind in einem Raumschiff von der Venus zur Erde gelangt sein. Ihre Mission: Sie will uns klarmachen, dass sie und alle anderen Lebewesen in unserer Milchstraße als eine große Familie zusammengehören. In ihrem Buch „*Ich kam von der Venus*“ schildert sie ihr Leben, Geschichte, Philosophie und Kultur der Venusbewohner, die seit Jahrtausenden, wie sie behauptet, „auf der *Astralebene* ihres Planeten leben. In einer für uns unsichtbaren Welt.“

Die schrägsten Theorien

- Bei den UFOnauten handelt es sich um die Nachfahren einer alten untergegangenen Zivilisation wie *Atlantis,* deren Vertreter die Erde aus unbekannten Gründen verlassen haben und von Zeit zu Zeit ihren Heimatplaneten besuchen.
- Die Außerirdischen sind *Vampire,* die das Blut von Erdentieren und Menschen brauchen. Als Beweis gelten tote, verstümmelte und blutleere Tiere, die vor allem in den USA immer wieder gefunden werden.
- Die Erde ist die Müllhalde des Universums, auf der Seelen mit schlechtem Karma landen – behauptet *Ruth Norman* aus Kalifornien. Sie hält sich für die Wiedergeburt des Erzengels *Uriel* und leitet eine UFO-Sekte mit dem Namen *Unarius Foundation.*

Ist die Kaaba, das Heiligtum des Islam in Mekka, ein außerirdisches Relikt?

- Die *Kaaba,* das Hauptheiligtum des Islam in Mekka, ist ein außerirdisches Artefakt, das die Erde kontrolliert, vergleichbar mit dem schwarzen Monolithen aus dem Sciencefiction-Streifen *2001 – Odyssee im Weltraum.*

Besucher aus anderen Dimensionen und Zeiten

Viele Forscher halten mittlerweile UFOs zwar für *reale* Erscheinungen, die jedoch *andersdimensional* aufgebaut sind. UFOs bedienen sich möglicherweise der anderen Realität, um von einem Punkt der Welt zu einem anderen zu gelangen, oder sie bewegen sich innerhalb der Zeit. Der bekannte deutsche Zeittheoretiker und Erfolgsautor *Ernst Meckelburg* vertritt die These, dass UFOs *Zeitmaschinen* wären, mit denen es durchaus möglich sein könnte, aus der Zukunft kommend durch die Zeit rückwärts zu reisen. Demnach wäre es unseren eigenen Nachfahren in ferner Zukunft gelungen, die Zeit zu manipulieren. Und dass diese Wesen imstande sind, sich mittels weiterentwickelter paraphysikalischer Projektionstechniken in unsere dreidimensionale Welt zu projizieren, so wie wir dies als dreidimensionale Wesen – hypothetisch – bei einer (zweidimensionalen) Flächenwelt tun könnten. Hier knüpfen auch die Vorstellungen an, UFOs kämen aus einer Parallelwelt oder anderen Seinsebenen wie dem Hyperraum, beziehungsweise es handle sich um psychische Entitäten, die sich materialisieren können, vielleicht durch hoch entwickelte Projektionstechniken aus dem Jenseits. Solche Wesen wären nach diesen Überlegungen „Dimensions-“ oder „Zeitfahrer“, die jedoch nicht materiell in unserem Sinne existieren. Besucher also, die sich in unsere Zeit „hinüberbeamen“ lassen. Ein Journalist prägte in diesem Zusammenhang den originellen Ausdruck „Informationsrüssel aus dem Überraum“.

Sind wir zu sehr auf „Außerirdische“ fixiert? Haben wir es vielleicht mit mehreren Phänomenen gleichzeitig zu tun? Es gibt viele Übereinstimmungen mit Erscheinungen aus dem Bereich der Parapsychologie oder dem mysteriösen Entstehen von Kreisstrukturen in Kornfeldern. Obwohl es viele Fälschungen geben mag, haben auch hier naturwissenschaftliche Erklärungsmodelle bisher nicht ausgereicht, um den Phänomenen gänzlich auf die

Inspirierte schon in den 50er Jahren Erich von Däniken und Mitstreiter: „Perry Rhodan“-Mitbegründer und Sciencefiction-Nestor Clark Darlton alias Walter Ernsting.

Schliche zu kommen. Einige hohe geistliche Stellen versichern, dass die Kirche „in ihrem Glaubensgut und ihrer Sittenlehre durch UFOs in keiner Weise tangiert wird“. Dennoch ist es offensichtlich, dass etwa die ungewöhnlichen „Marienerscheinungen“ und beobachteten „Sonnenwunder“ nur eine weitere Facette des UFO-Phänomens darstellen. Handelt es sich um ein Kontaktbemühen von „drüben“? Ist es vorstellbar, mit andersartigen höheren Wesen in Verbindung zu treten?

Clark Darlton alias *Walter Ernsting,* bekannter deutscher Sciencefiction-Schriftsteller, der den Dingen immer gerne vorauseilt, von mir auf die Möglichkeit außerirdischer Kontakte angesprochen: „Als einer derjenigen Zeitgenossen, die davon überzeugt sind, dass auch auf anderen Welten außerhalb unseres Sonnensystems intelligentes Leben existiert, halte ich – obwohl mir religiöse Eiferer und die Selbstdarstellung mancher ‚Kontaktler‘ ein wenig den Appetit verdorben haben – einen Kontakt für möglich, dann, wenn ‚die Anderen‘ ihn wollen.“ Eines sollte uns dabei bewusst werden: „Ein Kontakt mit anderen Intelligenzen würde für den Großteil der Menschheit ein neues Zeitalter einleiten. Aber nicht für mich“, so der Zukunftsdenker Ernsting überzeugt, „denn ich rechne eines Tages damit.“

II. Verschleierte Wahrheit

„Eine Wahrheit kann erst wirken,
wenn der Empfänger für sie reif ist.
Nicht an der Wahrheit liegt es daher,
wenn die Menschen noch
so voller Unweisheit sind."

Christian Morgenstern (1871–1914)

Lichter als Kidnapper?

In der spanischen Stadt La Coruna beobachteten die Bürger mehrere Monate lang Seltsames: Eigentümliche Flugkörper machten dort vor einigen Jahren den Himmel unsicher. Der Kontakt der Leute mit UFOs hatte sich auf einige unscharfe Fotos beschränkt, bis der Elektriker *Fernando Martinez* von seinem ungewöhnlichen Erlebnis erzählte. „Ich bin von einem UFO entführt worden", sagte der damals 20-Jährige. Und er schilderte seine Geschichte: „Ich hatte mein Motorrad repariert und probierte es am späten Nachmittag in einem Steinbruch aus. Es war gegen 19 Uhr, als ich mich davon ausruhte. Plötzlich entdeckte ich sieben orangefarbene Dreiecke, die in ein starkes Licht gehüllt waren. Die Dinger kamen auf mich zu."

Fernando bekam es mit der Angst zu tun und versuchte mit seinem Motorrad zu flüchten, doch seine Maschine sprang nicht an. „Also blieb ich ganz still stehen", erzählt er heldenhaft. „Je näher die Dreiecke kamen, umso mehr Details konnte ich erkennen. Jede Seite der Dreiecke war etwa 12 Meter lang, die Spitzen abgerundet, in der Mitte konnte man eine durchsichtige Kuppel erkennen. Das Flugobjekt landete nicht, sondern schwebte über dem Boden, etwa zwei Meter. Aus dem Inneren traten zwei Figuren heraus. Dann glitt ich auf magische Weise in das Lichtobjekt hinein."

Fernando weiß nicht, was dann passierte, etwa vier Stunden später lag er ein paar Meter neben seinem Motorrad. Er erinnert sich nur an so viel: „Die fremden Gestalten waren etwa 1,20 Meter groß, sprachen kein Wort, konnten meine Gedanken lesen. Ich glaube, sie haben mich analysiert."

Lässt sich derlei Unbegreifliches mit Sinnestäuschung, Geschäft und Hysterie abtun? Oder verbirgt sich hinter solchen Geschichten doch eine Wahrheit, die jenseits unserer Vorstellung liegt? Unabhängig voneinander erzählen Menschen, die mit UFO-Insassen in Kontakt kamen, die gleiche unglaubliche Geschichte: Fremdartige, kleinwüchsige Wesen mit überdimensionalen Köpfen, kahlen Schädeln und dunklen, großen Augen verschleppten sie in geheimnisvolle „Lichtgefährte", wo sie einem medizinischen Programm unterworfen wurden. Inzwischen schwören viele Millionen Menschen in aller Welt: „Wir wurden von Außerirdischen entführt."

Ein gewisser Prozentsatz der UFO-Zwischenfälle, der nicht durch herkömmliche Theorien wie Naturphänomene erklärt werden kann, deutet tatsächlich auf eine fremde Intelligenz hin. Ist es also denkbar, dass außerirdische Wesen immer wieder in die Entwicklungsgeschichte der Menschheit eingreifen? Sind die Fremden mitten unter uns? Fragen, die in jüngster Zeit durch den dramatischen Anstieg beunruhigender Meldungen, wo UFOs niedergingen und darauf nicht vorbereitete Personen mit deren Insassen in Berührung kamen, immer häufiger gestellt und diskutiert werden.

Der ehemalige NASA-Ingenieur *Bob Oechsler,* der sich seit vielen Jahren diesem Thema widmet, berichtet von zahlreichen Entführungen durch Außerirdische: „Entführungen gibt es seit langem, sie werden weiterhin stattfinden und man kann sich davor nicht schützen. Die Außerirdischen entführen Menschen in erster Linie zu medizinischen Zwecken. Viele sind mit Operationsnarben und Schocksyndromen zurückgekommen. Ich habe etliche Protokolle von Opfern."

Was geschieht bei einer UFO-Entführung? Die große Mehrheit der Betroffenen schildert die Nahbegegnung mit dem Unfassbaren gleichlautend. Der Autor des Buches *„Der Stand der UFO-Forschung",* *Illobrand von Ludwiger,* gibt eine Übersicht:

- Inbesitznahme des oder der Zeugen durch einen Lichtstrahl, hypnotische Kraft, Schweben und Ähnliches.

- Medizinische Untersuchung, meist auf einem Tisch, mit Sensoren, Instrumenten, Probenentnahmen, Punktion oder Implantat.
- Kommunikation meist telepathisch.
- Reisen, z. B. außerplanetarische Ausflüge.
- Theophanie im Sinne von Gottes- oder spirituelle Offenbarungen.
- Rückkehr, verbunden mit einer Ausgangsamnesie und Zeitverlust.
- Nachwirkungen wie Gedächtnisverlust, Schock, Wunden und Symptome wie bei Strahlenkrankheiten.

Nach den Erfahrungen der UFO-Forscher reagieren Personen, die behaupten, in Kontakt mit der Besatzung außerirdischer Raumschiffe gekommen zu sein, auf zweierlei Arten: Die einen genießen es, auch einmal im Mittelpunkt des Interesses und der Medien zu stehen, und kauen ihre Erlebnisse unermüdlich wieder. Zu dieser Gruppe möchte ich auch so genannte „spiritistische UFO-Kontaktler" oder „UFO-Channels" zählen. Doch bei dem weitaus größeren Teil der Betroffenen ist das eben nicht der Fall. Es sind normale, glaubwürdige Menschen, die verunsichert sind und danach trachten, ihr unfreiwilliges Rendezvous schnell zu vergessen, und die eine Wiederholung einer solchen Konfrontation nicht wünschen. Dass Menschen offenbar wirklich eine unerfreuliche nahe Bekanntschaft mit fremden Wesen hatten, ihr Erlebnis aber verdrängten und sich daran nur in Hypnose an Details zu erinnern vermögen, hat der New Yorker Künstler *Budd Hopkins* bei 140 Entführungsfällen näher durchleuchtet. Hopkins, Autor der Bestseller *„Eindringlinge"* und *„Von UFOs entführt"*, ist davon überzeugt, dass die geschilderten Vorfälle ernst zu nehmen sind, und bietet Entführungsgeschädigten eine Gruppentherapie an, um ihren „Albtraum" zu lindern.

Manchmal scheint der Ursprung des „Albtraumes" weit in der Vergangenheit zu liegen. Die amerikanische Psychologin und Reinkarnationsforscherin Dr. *Edith Fiore* behauptet jedenfalls, sie sei im Rahmen hypnotischer Regressionsexperimente, die zu Therapiezwecken angewandt wurden, auf Erstaunliches gestoßen: Patienten, die in der Hypnose zeitlich in ein „früheres Le-

Sehen so femde Eindringlinge aus? Millionen Menschen in aller Welt schwören: „Wir wurden von Außerirdischen für medizinische Analysen entführt!“

ben“ zurückversetzt worden waren, berichteten ihr bereits mehrfach von UFO-Begegnungen, die ihnen damals, vor rund 150 Jahren, widerfahren seien. Sie hätten körperliche Schäden bei ihnen hinterlassen, die sich noch in ihrem jetzigen Körper bemerkbar machten. Die fremden Geschöpfe überraschten ihre Opfer oft im Schlaf und brachten sie per Shuttle oder Lichtstrahl in ein nahe gelegenes Raumschiff, wo medizinische Untersuchungen vorgenommen wurden. Noch Jahre nach diesen „Begegnungen der vierten Art“ litten die Gekidnappten unter Angstzuständen, Schlaflosigkeit und Panikanfällen. Die Bewusstwerdung der tatsächlichen Ursachen habe aber schließlich zur Heilung der betreffenden Beschwerden geführt.

David M. Jacobs, Historiker an der *Temple University in Philadelphia,* hat Berichte über Entführungen durch UFOs in seinen Büchern *„Geheimes Leben“* und *„Bedrohung – Die geheime Invasion der Aliens“* ausführlich und nach streng wissenschaftlichen Untersuchungen dokumentiert sowie eine Doktorarbeit zum Thema verfasst. Der Geschichtsprofessor wörtlich: „Ich weiß, es klingt verrückt. Aber Hunderte Leute, die von Außerirdischen entführt worden sind, erzählen unabhängig voneinander das Gleiche: Sie wurden erst untersucht und dann hat man ihnen Eizellen und Spermien entnommen. Alles deutet darauf hin, dass sich die Außerirdischen mit der Produktion von Babys beschäftigen!“ Ist die Menschheit Teil eines galaktischen Kreuzungsprogramms?

Dass die geschilderten Vorfälle keine Ausgeburten der Fantasie sind, glaubt auch der Harvard-Professor und Pulitzer-Preisträger Dr. *John E. Mack.* Der amerikanische Psychiater hat über 100 Entführungsfälle untersucht und kommt in seinem Buch *„Entführt von Außerirdischen"* zu ähnlichen Ansichten: „UFO-Opfer und die Palette ihrer Symptome sowie die Intensität ihrer Gefühle überzeugen mich in dem Glauben, dass ihnen wirklich etwas zugestoßen ist. Dass da draußen etwas Gewaltiges passiert. Es ist keine Fantasie, kein Traum, keine Psychose." Der amerikanische Wissenschaftler hat den Eindruck, dass bei der Entführung durch Außerirdische eine *Bewusstseinsevolution* angestrebt wird. Mack: „Alle Phänomene weisen auf einen kosmischen Prozess hin, auf ein Programm der Kontinuität des menschlichen Lebens für den Fall der ökologischen oder militärischen Zerstörung der Erde." Brechen die Lebenssysteme unseres Planeten zusammen? Wissen die „kleinen Grauen", so werden Außerirdische meist genannt, von einer drohenden Apokalypse? Dazu der Harvard-Professor: „Die Außerirdischen machen klar, dass ihre Intervention aus eben diesem Grunde stattfindet, um eine neue, hybride Rasse für die Zukunft zu schaffen, da ihnen klar zu sein scheint, dass das Leben, wie wir es heute kennen, so nicht weitergehen kann."

Auch hierzulande wächst die Zahl der vom „Besucherphänomen" Betroffenen. *Maria Struwe* aus Brandenburg berichtete mir von ihren nächtlichen Entführungen: „An den unbekannten Orten, wo ich mich ab und zu befinde, musste ich gelegentlich feststellen, dass während einer Untersuchung an mir durch die ‚Anderen' sich mein Astralleib außerhalb des Körpers befindert. Diese Bruchstücke der Wahrnehmung, dass ich mich an fremden Orten aufhalte und irgendetwas mit mir geschieht, ereignet sich nach meinem Gefühl immer kurz bevor ich von den fremden Wesen wieder ins Bett zurückgebracht werde." Wenn Maria Struwe nach solch einem „Albtraum" morgens erwacht, weiß sie, es war kein Traum. „Das alles habe ich wirklich erlebt. Das alles war absolut real", versichert die gebürtige Spanierin.

Einerseits faszinierend, andererseits beunruhigend sind diese Berichte gewiss. Aber können wir wirklich vorbehaltlos von *außerirdischen* Entführern sprechen? Die Schilderungen der Berichterstatter scheinen keine Fantasterei zu sein. Aber sind sie deshalb handfeste Realität? Könnten die Betroffenen mit einer für uns noch unbegreiflichen Form einer *anderen* Wirklichkeit in Berührung gekommen sein? Es gibt auffällige Gemeinsamkeiten zu parapsychologischen oder paraphysikalischen Erscheinungen: *Materialisationen* (geisterhafte Erscheinungen nehmen stoffliche Gestalt an und werden sichtbar) und *Dematerialisationen* (Entstofflichung", körperhafte Gestalten werden unsichtbar), *Telepathie* (Gedankenübertragung) und *Fernsuggestion* (durch fremde Kräfte ausgelöste Verhaltensweisen und Empfindungen), *Teleportationen* (Ortsversetzungen) von Menschen und Gegenständen. Durchwegs Phänomene, die ebenso in der PSI-Forschung bekannt sind.

Charles Brown, ehemaliger Herausgeber der Fachzeitschrift *Flying Saucer Review,* und *Gordon Creighton,* ein Diplomat im Ruhestand, betonten schon vor 25 Jahren ausdrücklich die Notwendigkeit, sich gegenüber allen Erklärungsmöglichkeiten einen offenen Sinn zu bewahren, denn man wisse nichts mit befriedigender Sicherheit: „Was, wenn unsere Besucher etwa Bewohner unserer Welt, aber gleichzeitig einer anderen Welt wären – einer ungesehenen, ungehörten, unfühlbaren, aber dennoch gelegentlich spürbaren Realität, wie sie ein Paralleluniversum darstellen könnte?"

Sind die Geschehnisse nun real oder nicht real? Wirklich oder unwirklich? „Beides", erklärte der kürzlich verstorbene deutsche Naturwissenschaftler und Erfolgsautor Dr. *Johannes Fiebag:* „Das Phänomen in all seiner bizarren Gesamtheit lässt kaum einen anderen Schluss zu als diesen: Wir haben es mit etwas zu tun, das den Rahmen unseres Wirklichkeitsverständnisses sprengt. Etwas, das so vollkommen anders ist, dass es uns förmlich mit der Nase darauf stößt, wie zerbrechlich, wie ‚unrealistisch' unsere Vorstellungen von der Realität sind."

Was spricht gegen die Annahme, der Mensch sei ein „Studienobjekt" der außerirdischen Planetarier, die mit ihren Raumschiffen zur Erde gelangen? Fiebag verwies auf eine Sinnwidrigkeit: „Wir sehen seit etwa 50 Jahren UFOs – aber dass auch nur zwei davon einmal völlig identisch wären, kommt äußerst selten vor.

Das bedeutet, dass wir seither mit Millionen *unterschiedlicher* Raumschiffe zu tun haben müssten, die sich zu einem Einmal-Einsatz zur Erde begeben, um dann auf Nimmerwiedersehen zu verschwinden. Das ist lächerlich, und was die verschiedenartigen Gestalten der Fremden betrifft, verhält es sich ebenso." Der Wissenschaftsautor meinte daher, dass dies alles nur Sinn haben würde, wenn wir annehmen, dass wir es mit einem Phänomen zu tun hätten, das in unmittelbarer Wechselwirkung mit uns selbst stünde, mit unserer Psyche, unseren Vorstellungen, unseren Ängsten und Fantasien. In seinen ergreifenden Büchern *„Die Anderen"*, *„Kontakt"* und *„Sternentore"* hatte sich Johannes Fiebag hauptsächlich der Entführungsproblematik gewidmet und ein Phänomen beschrieben, das sich uns offenbar anzupassen vermag. Der Forscher entwickelte daraus die *Mimikry-Hypothese:* „Eine fremde, hoch entwickelte Intelligenz manifestiert sich seit jeher unter verschiedenen Masken in unserer Welt. Fremde Intelligenzen (oder ein unvorstellbarer, miteinander kooperierender Intelligenzkomplex) agieren in unserer Wirklichkeit."

UFO-Entführungen – visualisierter Albtraum oder doch unfassbare Wirklichkeit? Die Meinungen darüber sind ebenso gespalten wie die Einstellung zur UFO-Problematik allgemein. Kaum ein Thema erhitzt die Gemüter so sehr wie der Streit, ob sich hinter den vermeintlichen oder tatsächlichen UFO-Entführungen der Eingriff außerirdischer Intelligenzen verbirgt.

Bruchlandung bei Roswell

Wenn von geheimnisvollen Besuchern aus dem All die Rede ist, dann ist für UFO-Gläubige das Stichwort *„Roswell"* ein Kernpunkt ihrer Überzeugung. Die amerikanische Kleinstadt liegt in der Wüste von New Mexico. In unmittelbarer Nähe sollen dort im Juli 1947 Außerirdische mit einem fremden Raumschiff abgestürzt sein. Fünfzig Jahre später lag eine ganze Stadt im UFO-Fieber und feierte im Sommer 1997 mit rund 100.000 Alien-Forschern, UFOlogen und neugierigen Pilgern die größte UFO-Party aller Zeiten. Mit einem Seifenkistenrennen aus selbst gebastelten Poppraumschiffen und dem massenhaften Verkauf von UFO-Artikeln jeder Art wurde der außergewöhnliche Jahrestag begangen. An der Absturzstelle gab es Blumen für die vermeintlich dort tödlich verunglückten Außerirdischen und der Gouverneur von New Mexico, *John Johnson*, freute sich über die Besucherströme aus aller Welt.

Wie kann die weltweite UFO-Welle erklärt werden? Worin liegt das Motiv für das große Interesse an den Vorfällen bei Roswell? Kann alles mit Geschäft und Hysterie abgetan werden? Entspringt der Glaube an Außerirdische nur der Sehnsucht des Menschen nach dem Irrationalen in einer Welt voller Logik? Oder ging es tatsächlich um die Bergung eines Raumschiffes extraterrestrischer Herkunft und seiner Besatzung? Klarheit über den legendären Fall gibt es immer noch nicht.

Unter den Roswell-Anhängern wird natürlich nicht daran gezweifelt: Der UFO-Absturz war der Anfang einer riesigen *Verschwörung* der Militärs. Ziel der Geheimhaltung: die Existenz fünf kleinwüchsiger Außerirdischer, die in den Nachtstunden des 2. Juli 1947 nordwestlich von Roswell, im Gebiet von *Corona*, New Mexico, mit ihrem UFO am harten Boden der Steppenlandschaft zerschellten.

„Es gibt viele glaubwürdige Augenzeugen", beteuert ein Besucher des Roswell-Jubiläumsfestes, die sich endlich trauen über ihre UFO-Erfahrungen zu erzählen. Darunter befinden sich Zivilisten, hochrangige Offiziere und alles passt zusammen. Ich glaube nicht, dass man diese Geschichten in Frage stellen kann."

In Erinnerung an die damaligen Ereignisse wird im Museum von Roswell UFO-begeisterten Besuchern stolz ein Modell jener legendären „Fliegenden Untertasse" präsentiert. Tote Alien-Puppen inklusive. Wo aber sind die tatsächlichen Überreste der gestrandeten Weltraumgeschöpfe? Was geschah mit den Wrackteilen? Ist das Fehlen von handfesten Beweisen ein Indiz für eine Vertuschung von oberster Regierungsstelle? Egal, ob man Außerirdische oder andere Ursachen im Roswell-Zwischenfall erkennen mag, der Verdacht, dass die mysteriösen Geschehnisse von Militär und Geheimdienst um jeden Preis vertuscht werden sollten, ist nicht unbegründet. Die Verstrickung in einer endlosen Kette von Widersprüchen macht dies deutlich.

Zunächst die bekannten historischen Fakten:

- *2. Juli 1947*
  Augenzeugen berichten unabhängig voneinander, dass sie ein leuchtendes, diskusförmiges Flugobjekt am Himmel von New Mexico gesehen hätten.
- *3. Juli 1947*
  Der Farmer *William Mac Brazel* findet auf einem abgelegenen Feld in der Nähe von Roswell metallische Überreste unbekannter Herkunft. Er lagert die Metallstücke zunächst in seinem Heuschober.
- *7. Juli 1947*
  Brazel bringt Bruchstücke des gefundenen Materials zum Sheriff von Roswell und erzählt über seinen ungewöhnlichen Fund.
- *8. Juli 1947*
  Das Militär führt eine groß angelegte Suchaktion in der Absturzregion durch und findet eine zweite Stelle, nur zweieinhalb Meilen von Brazels Fundplatz entfernt, an der den Aussagen zufolge ein diskusförmiger Flugkörper liegt. Außerdem stößt das Suchpersonal auf Leichname außerirdischer Wesen, so zumindest lautet die von Zeugen bestätigte Darstellung.
- *8. Juli 1947*
  Colonel *William Blanchard* beauftragt Presseoffizier Lt. *Walter Haut,* eine offizielle Meldung über den Absturz einer fliegenden Scheibe herauszugeben. Inzwischen wird bei einer Zeitung in Albuquerque die Übermittlung des Berichts eines Reporters, der an der Absturzstelle war, auf FBI-Befehl hin (dies geht aus einer Telexnachricht hervor) unterbunden. In der Zeitung *Roswell Daily Record* wird die Meldung dennoch als Schlagzeile gebracht: *„RAAF birgt fliegende Scheibe in Roswell-Region“*.
- *8. Juli 1947*
  General *Roger Ramey,* Forth Worth/Dallas, Texas, leitet eine „Berichtigung“ ein. Major *Jesse Marcel* vom *Roswell Army Air Field* (RAAF), einer der Ersten an der Absturzstelle, wird auf *Fort Worth* mit Wrackteilen konfrontiert, die er in einer

Pressekonferenz als Reste des abgestürzten Objektes ausweisen soll. Er weiß allerdings, dass die vorgegebenen Trümmerreste mit denjenen, die er gesehen hat, nicht identisch sind.

- *9. Juli 1947*
  Dementi des Vorfalls. Die Tageszeitung von Roswell erklärte entgegen ihrem Vortagsbericht zur Bergung der Flugscheibe, alles habe sich aufgeklärt, das Objekt sei in Wahrheit ein *Wetterballon* gewesen. Das Schweigen beginnt. Aber in der Gerüchteküche brodelt es seither.

Viele Jahre später erzählte Major Marcel von seinen Beobachtungen am Fundort, die der ursprünglichen Wetterballon-Erklärung völlig widersprachen: „Die Metallstücke waren verteilt über eine riesige Fläche. Ich habe einfach davon so viel wie möglich eingepackt und verladen. Das Zeug war nicht von dieser Erde. Das steht fest. Ich war Offizier des militärischen Geheimdienstes und kannte alle auch geheimen Materialien, die man in Flugzeugen bis dato benützte. Dieses Material jedoch war mir völlig unbekannt."

Major Marcel nahm damals Fundstücke des Materials mit nach Hause und informierte seine Familie mitten in der Nacht. Sein Sohn Dr. med. *Jesse Marcel jun.* erinnert sich: „Mein Vater weckte uns, um uns diese merkwürdigen Metallreste zu zeigen. Zuerst habe ich mich gefragt, was die ganze Aufregung um diesen Müll soll. Heute denke ich, es könnten tatsächlich Überreste einer Raumsonde, einer anderen fortgeschrittenen Zivilisation gewesen sein, ähnlich wie wir eine solche Sonde jetzt zum Mars geschickt haben."

Das Militär brachte wahrscheinlich die Wrackteile des UFOs und die toten Insassen in den „Hangar 84", eine Militäranlage, wo sonst unter strengster Geheimhaltung Flugzeugtriebwerke getestet wurden. Ein guter Platz, so vermuten UFOlogen, um Aliens zu verhören oder tote Absturzopfer zu verbergen. Der örtliche Bestatter *Glenn Dennis* will jedenfalls eine Information erhalten haben, die diese These stützt. Dennis: „Ich bekam einen Anruf von der Army, die wissen wollte, wie viele Kindersärge wir auf Lager hätten, in der Länge von ungefähr 1,20 Meter. Sie sollten außerdem hermetisch abschließbar sein, luft- und wasserdicht."

Das war an jenem Tag, als die US-Luftwaffe im Radio verlautbaren ließ, sie hätte ein UFO geborgen, und der Bevölkerung beruhigend versicherte, man werde das Geheimnis um die Flugscheibe bald gelöst haben. Der damalige Pressesprecher der Air Force, Lt. Walter Haut, zitiert aus der Meldung: „Wir haben eine fliegende Untertasse in unserem Besitz. Sie wurde von Major Marcel nach Fort Worth, Texas, geflogen und dort General Roger Ramey, dem kommandierenden Brigadegeneral der 8. Air-Force-Luftflotte übergeben."

Damals bestätigte die Army zum ersten und letzten Mal, dass in Roswell ein UFO abgestürzt war. Das Dementi folgte kurz darauf. Alles nur ein Irrtum! Es war ein Wetterballon! Doch über 300 Zeugen haben mittlerweile eidesstattlich ausgesagt, dass es ihren Beobachtungen zufolge eben *kein* Ballon gewesen sein konnte. Und außerdem rede niemand von den Toten, die man dort gefunden habe. „Sie sahen aus wie Menschen, waren aber keine Menschen", berichtete der Ingenieur *Grady L. Barnett*. „Sie hatten runde Köpfe, seltsame Augen und keine Haare. Ich stand so nahe, dass ich sie hätte berühren können. Während ich sie mir ansah, kam ein Offizier. Er sagte, es sei unsere patriotische Pflicht, Stillschweigen zu bewahren."

Der amerikanische Präsident *Harry S. Truman* gründete noch im selben Jahr eine geheime Arbeitsgruppe mit dem Namen *„Majestic 12"*, die ihm regelmäßig über UFOs berichten sollte. 1984 tauchten Dokumente auf, die als angebliche Informationen für den designierten Präsidenten *Dwight D. Eisenhower* bestimmt waren. Geschildert wird darin die Einrichtung einer Spezialgruppe Namens „MJ-12", die aus hochrangigen Köpfen der amerikanischen Regierung, aus Wissenschaft und Militär bestehe und sich ausschließlich mit den außerirdischen Artefakten und Wesen von Roswell befasse. Über die Echtheit der Dokumente ist man in der „UFO-Gemeinde" geteilter Ansicht. Manches spricht für eine Fälschung. Andererseits jedoch enthalten die geheimnisvollen Papiere Insiderinformationen, die, so ist der Nuklearphysiker und UFO-Forscher *Stanton Friedman* überzeugt, auf geheimdienstliche Quellen schließen lassen.

1988 ist es dem Fernsehteam von *CBS* gelungen, zwei mutmaßliche Mitglieder von „Majestic 12" vor die Kamera zu holen.

Einer der Männer nennt sich „Condor“ und erklärte im Interview: „Einige Außerirdische leben mitten unter uns. Es gibt eine Vereinbarung zwischen ihnen und unserer Regierung. Die USA haben ihnen ein Testgelände in der Wüste von Nevada zur Verfügung gestellt – die *Area 51* ...“ Der zweite Zeuge nennt sich „Falcon“: „Wir haben viel gelernt über sie und ihre Kultur. Einer von ihnen hat ein Buch geschrieben, das unsere Bibel ist – das ‚*Yellow Book*‘. Wir haben viele Daten von ihnen erhalten und besitzen zudem die Autopsie-Befunde von Außerirdischen, die beim Absturz in New Mexico getötet worden sind. Wir wissen viel, aber die Regierung ist der Meinung, dass die Öffentlichkeit darüber nichts erfahren soll.“

Wer sind diese dubiosen Kronzeugen? Glaubwürdige Zeitgenossen oder bloß Wichtigtuer, die einen Mythos aufbauen wollen? Sollte vielleicht ein moralisch äußerst verwerfliches Militärexperiment vertuscht werden? Oder wird man eines Tages handfeste Beweise für einen Besuch aus dem All vorlegen können, der jeden Zweifel aus dem Weg räumt? Muss dann mit panikartigen Reaktionen gerechnet werden? Oder aber ist die Öffentlichkeit inzwischen, wie der deutsche Filmemacher *Rainer Erler* prophezeit, ohnedies schon durch Fiktion und Alienvermarktung hochgradig verseucht, dass eine Landung von Außerirdischen kaum noch Aufsehen erregen würde?

Fragwürdige Beweise

Viele der von UFOlogen vorgebrachten „Beweise“ bleiben zweifelhaft. Berühmtestes Beispiel dafür ist der spektakuläre Film über zwei vermeintliche Autopsien von Aliens. Die Geschichte des rätselhaften Zelluloids ist genauso mysteriös wie der ganze Roswell-Fall. Ein *Jack Barnett* soll ihn im Auftrag der Luftwaffe gedreht haben. 1995 wurde der Film von dem englischen Musikfilmer *Ray Santilli* der Öffentlichkeit als Sensation präsentiert. Seit damals jagt eine Spekulation die andere. Von wem stammt der dubiose Streifen? Sind die Aufnahmen tatsächlich echt? Oder ist man einer professionellen Fälschung aufgesessen?

Der untergetauchte Kameramann soll, so erklärt Santilli, nach der Entwicklung der Filmrollen einige unscharfe und falsch belichtete Streifen zur Nachbesserung aufbewahrt haben. Der Rest des Materials sei direkt nach Washington gebracht worden, nur Barnetts Filmpatzer blieben während über 40 Jahren bei ihm zu Hause. Santilli: „Die Army holte sie nie ab. Am Schluss wurde es Barnett zu bunt und er behielt die Rollen." Santilli will den Mann 1992 zufälligerweise kennen gelernt haben. Nach langen Verhandlungen verkaufte ihm Barnett die Rollen für einen „bedeutenden Betrag".

Der geheimnisvolle Kameramann taucht allerdings auf keiner Mannschaftsliste der US-Army auf. Ist Barnett ein Betrüger? Santilli verneint: „Ich habe ihn mit Freunden aufgesucht und kennen gelernt, wir glauben ihm, wir haben sein Zuhause und seine persönlichen Dokumente, Akten und Fotoalben gesehen." Den Grund, weshalb Barnett bisher schwieg, erklärt Santilli mit dem Umstand, dass die Filmbelege illegal seien.

Das 16-mm-Material wurde von verschiedenen fototechnischen Experten chemisch und physikalisch geprüft. Im Untersuchungsbericht der Firma *Kodak* wird dann auch bestätigt, dass das Filmmaterial tatsächlich entweder aus den Jahren 1927, 1947 (!) oder 1967 stammt. Das betrifft wohlgemerkt das Filmmaterial! Aber können wir deshalb daraus schließen, dass die gezeigten Aufnahmen ebenfalls aus der fraglichen Zeit stammen?

Betrug oder nicht: Der Film und die Geschehnisse um Roswell sind auch innerhalb der UFOlogen-Gemeinde zum Zankapfel geworden. Der Pilot und UFO-Forscher *Kent Jeffrey,* Leiter der „International Roswell Initiative", macht sich ernstlich Sorgen: „Sollte sich der Film als Manipulation herausstellen, werden viele Leute glauben, dass auch der ganze Roswell-Fall eine Fälschung ist. Eine wissenschaftliche UFO-Forschung würde somit in Mitleidenschaft gezogen werden." Ähnlich skeptisch kommentiert der populäre deutsche Erfolgsautor *Johannes von Buttlar* die Situation. In seinem Buch *„Die Außerirdischen von Roswell"* quälen den Esoterikexperten Zweifel und er vermutet, dass der Santilli-Film eine geschickte Fälschung sei, will aber die Möglichkeit der Echtheit nicht gänzlich ausschließen. Vom

Film einmal abgesehen, ist sich von Buttlar gewiss, dass bei Roswell tatsächlich ein UFO abgestürzt sei: „Der Zwischenfall belegt eindringlich, dass das Militär und Geheimdienste eine unglaubliche Verschwörung bis hin zu gezielter Desinformation durchführen, um das UFO-Phänomen zu vertuschen."

Vollkommen von der Echtheit des Santilli-Streifens überzeugt ist der deutsche UFOloge *Michael Hesemann.* Der ehemalige Chefredakteur des UFO-Fachblattes *„Magazin 2000 plus"* und Autor des Buches *„Jenseits von Roswell"* ist einer der bekanntesten Vertreter der Raumschiff-Theorie. „Ich bin zu dem Schluss gekommen", erklärt Hesemann, „dass eine Reihe von Indizien für die Echtheit des Films sprechen und kein Beweis für eine Fälschung vorliegt." Wäre es denkbar, dass der Film zwar authentisch, die Szenen aber keinen Außerirdischen zeigen, sondern Opfer, die etwa bei einem missglückten Atomunfall ums Leben kamen? Hesemann dementiert sofort und verriet mir: „Ein Atomunfall würde nie die vielen biologischen Anomalien erklären, da Mutation zwar als Erbschäden bei Kindern von Strahlungsopfern auftauchten, aber nicht bei den Strahlungsopfern selbst. Das gezeigte Wesen ist klein, asexuell, hat keinen Bauchnabel, einen extrem großen Kopf, eine winzige Nase, sechs Finger und Zehen, ein – nach Ansicht zahlreicher Pathologen – nicht-menschliches Gehirn und nicht-menschliche Organe."

Kent Jeffrey hingegen verweist darauf, dass „der Körper zu viele *menschliche* Züge aufweist, um irgendetwas anderes zu sein als ein Mensch. Ich denke, die Produzenten nahmen einen entstellten Körper und setzten schwarze Kontaktlinsen ein. Ein Teil der Entstellungen muss aber genetischen Ursprungs sein, ein anderer durch künstliche Eingriffe verursacht worden sein", versicherte der UFO-Forscher.

Die Möglichkeit eines *Progerie*kranken wurde als Erklärung von dem Dermatologen Prof. *Thomas Janson* aus München ins Spiel gebracht. Dieser Diagnose zufolge könnte das merkwürdige Aussehen der gezeigten Wesen auf eine schreckliche *Vergreisungskrankheit* zurückzuführen sein mit der Todesursache eines Schlaganfalls. Michael Hesemann weist diesen Verdacht als Lösungsvorschlag weit von sich: „Bei allen Progeriekrankheiten tritt eine Abschlaffung der Muskulatur und eine starke Alterung der Haut mit entsprechender Faltenbildung auf. Das Wesen auf dem Film aber wirkt muskulös, seine Haut glatt." Warum, so fragt sich der Roswell-Experte weiter, hat das Wesen eine Brandwunde am rechten Oberschenkel und Symptome eines Bruchs am linken Oberschenkel sowie eine abgetrennte Hand und eine Prellung oder Einschusswunde an der linken Schläfe? „Erlitt es einen Schlaganfall, nachdem es sich die Beine brach und verbrannte? Versetzte es sich einen Kopfschuss und trennte sich danach seine rechte Hand ab?", rätselt Hesemann und rät daher dringend: „Ärzten, die solche Diagnosen stellen, sollte man mit einigem Misstrauen begegnen!"

Dennoch gibt es Widersprüche zwischen dem Aussehen der Filmleichen und jenen Beschreibungen der abtransportierten Toten, die Augenzeugen beim Roswell-Absturz gesehen haben wollen. Selbst diese Irritation kann Hesemann aufklären: „Es sind 1947 *zwei* außerirdische Raumschiffe abgestürzt, eines am am 4. Juli 1947 nördlich von Roswell und ein anderes bereits am 31. Mai 1947 südwestlich von *Socorro,* New Mexico." Von diesem Vorfall, so ist der „Untertassen-Jäger" überzeugt, stammt der umstrittene Santilli-Autopsie-Film, nicht von Roswell, wie ursprünglich angenommen wurde.

Gibt es noch Überreste der abgestürzten Raumschiffe? Wo sind die Wrackteile heute? UFO-Anhänger lassen sich nicht von dem Glauben abbringen, dass Bruchstücke der abgestürzten Flugkörper mit ihren Insassen heute noch im supergeheimen Testgelände *Area 51* aufbewahrt werden. Gab es ein Komplott der Army mit den Aliens? Ein Beweis dafür sei die fortgeschrittene Militärtechnik Amerikas, sagt die UFO-Gilde. Nur mit außerirdischer Hilfe hätten Waffen wie der Tarnkappenbomber der US Air Force entwickelt werden können. Kann damit die extreme Geheimhaltung erklärt werden? UFO-Forscher Johannes von Buttlar hält dies für sehr wahrscheinlich: „Die Vertuschung geschieht möglicherweise deshalb, um einen Religions-, Kultur-, und Technologieschock zu verhindern. Es ist keineswegs abwegig, den rasanten technischen Fortschritt der letzten Jahre, von der Entwicklung des Lichtfaserkabels bis zu den Mikrochips, mit

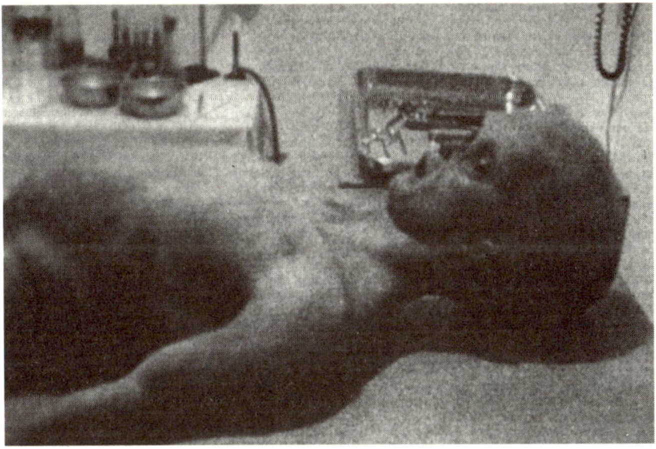

Szene aus dem umstrittenen Santilli-Film. Fälschung oder Autopsie eines Außerirdischen?

abgestürzten UFOs in Verbindung zu bringen." Buttlar vermutet außerdem, dass sich neben Überresten der „Untertassen" auch noch die Roswell-Leichen in einem Geheimlabor befinden könnten, geschützt in einer konservierten Flüssigkeit.

In jüngster Zeit tauchen überraschend Fragmente auf, die von außerirdischen Raumschiffen stammen sollen. Doch die Fundstücke und ihre Entdecker bringen nicht wirklich Licht in die diffuse Angelegenheit, sondern schaffen noch mehr Verwirrung. Wer aber nun meint, die ganze Roswell-Geschichte sei demnach lediglich auf Sensation und geschäftstüchtige Vermarktung ausgerichtet, der irrt. Höchst strittiger Methoden bedient sich nämlich auch die „andere" Seite. Die offiziellen Stellen der US-Army haben stets geleugnet, dass der Roswell-Crash, wie ursprünglich gemeldet, durch ein Raumschiff verursacht wurde. Trotzdem wurden die Widersprüche um die damaligen Ereignisse immer offensichtlicher. Die Wetterballon-Version war nicht mehr zu halten und so entschloss sich die Air Force 1994 zur Veröffentlichung eines äußerst fragwürdigen Berichtes, in dem das Geheimprojekt *MODUL* als Alternativerklärung angeboten wurde. Demnach hätte es sich bei dem Vorfall 1947 um einen *Spionageballon* gehandelt, der die Druckwellen sowjetischer Atomexplosionen in der Atmosphäre messen sollte.

Knapp drei Jahre später, wenige Tage vor dem 50-jährigen Roswell-Jubiläum, hält auch diese konstruierte Version einer genaueren Prüfung nicht mehr stand. Ausgerechnet zu diesem Zeitpunkt legte die US-Army einen 231-Seiten-Bericht vor, der jetzt ein für alle Mal klarstellen soll: Die damaligen Vorfälle waren lediglich geheime *Fallschirm-Tests*. Die Außerirdischen wurden mit menschenähnlichen Puppen aus Aluminium und Plastik verwechselt, die von der Luftwaffe aus 30 Kilometer Höhe an Fallschirmen abgeworfen wurden, um Rettungssysteme zu testen. Und die silbrig glänzenden Trümmer, die auf einer Farm gefunden wurden, stammen in Wahrheit von einer High-Tech-Sonde, die scheibenförmiges Aussehen hatte.

Können wir dieses neuerliche Dementi vom Dementi des Dementi wirklich glauben? Wer leicht glaubt, wird leicht betrogen, heißt es. Man muss kein leicht zu begeisternder UFO-Freak sein, um kopfschüttelnd zu erkennen, dass die Lösung für einen der berühmtesten UFO-Fälle auch diesmal völlig an den Haaren herbeigezogen ist. Ein besonders „beweiskräftiges" Kuriosum: Ein angeblich überlebender Außerirdischer mit großem Kopf, der von den Militärs verhört wurde, sei in Wirklichkeit ein verunglückter Testpilot gewesen. Der deformierte Schädel „erkläre" sich dadurch, dass bei der Landung der Helm brach und der Kopf des Piloten anschwoll. Die anderen verstümmelten Außerirdischen hingegen seien Soldaten gewesen, die bei einem Absturz ums Leben gekommen und verbrannt seien. Die Angst vor Spionen, so wird vom Militär zudem beteuert, war allgegenwärtig und der „Kalte Krieg" hatte gerade erst begonnen. Deshalb habe man der UFO-Theorie nicht die Wahrheit entgegensetzen können.

Immerhin zeigt die US-Luftwaffe sogar Verständnis für die Theorie einer Alienlandung. In einer eigens vom Verteidigungsministerium *Pentagon* einberufenen Pressekonferenz erklärte der Air Force-Sprecher Oberst *John Haynes:* „Ich finde die Annahme der Leute dort sogar völlig logisch. Da draußen sahen sie Krankenwagen der Luftwaffe, die vielen Soldaten. Sie sahen, wie wir die Fallschirmpuppen in Leichensäcke packten, um sie zu schützen. Dann sahen sie Leute mit Sicherheitshelmen, die jeden Busch in der Gegend untersuchten, um nach Trümmerresten zu fahnden."

Die Roswell-Army Air Fields hatte als einzige Bomberstaffel Atomsprengköpfe. Ihr damaliger Kommandeur Oberst *William Blanchard* war ein erfahrener Vorzeigeoffizier. Kurz nach der Bergung der „Untertasse" wurde er befördert und war bis zu seinem Tod im Jahre 1966 Vizestabchef der amerikanischen Luftstreitkräfte. Doch viele seiner Weggefährten bezweifeln, dass ausgerechnet Blanchard, der doch fälschlich einen UFO-Fund gemeldet hatte, deswegen mit keinerlei Konsequenzen für seine weitere Karriere rechnen durfte. Sein damaliger Presseoffizier Lt. Haut: „Bis zu seinem Tod, er starb an einem Herzinfarkt im Pentagon, trug er vier Sterne an seinem Kragen. Man sieht, dass die Angelegenheit nicht gegen ihn verwendet wurde, sonst hätte man ihn doch nicht zum Vier-Sterne-General befördert."

Viele Fragen bleiben in dieser wirren Geschichte unbeantwortet. Warum ließ sich die Army 50 Jahren Zeit, um dann kurz vor dem Roswell-Jubiläum geheimes Filmmaterial freizugeben? Das hätte sie doch längst tun können. Stattdessen erzählt man der Bevölkerung von einem Wetterballon und viele Jahre später von einem dubiosen Projekt MODUL? Die Bomberstaffel soll spezialisiert gewesen sein für Testflüge mit „Dummys" in Schleudersitzen? Wer soll diese absurde Pseudoerklärung wirklich ernst nehmen? Die Air Force hat sich damit wohl keinen guten Dienst erwiesen. Einem alten Sprichwort zufolge, dass jenem nicht mehr geglaubt wird, der einmal gelogen hat, dürfte es der US-Luftwaffe nun mit ihrer dritten und fadenscheinigen Dementi-Version gelungen sein, jeden noch vorhandenen Funken an Glaubwürdigkeit restlos zu verspielen. Man hätte beim „Wetterballon" bleiben sollen. So aber hat das Militär genau das Gegenteil von dem erreicht, was es offenbar beabsichtigt hatte. Es sei denn, die Verwirrung wurde dort bewusst in Kauf genommen. Wäre das denkbar? Welche Motive könnten dabei eine Rolle gespielt haben?

Ist ein Atomtest missglückt? Gab es einen gefährlichen Unfall, den man vor der Öffentlichkeit geheimzuhalten versuchte?

Hatte man die UFO-Gerüchte gezielt gestreut, um die Russen abzulenken? Geheime Militärversuche oder doch der erste Kontakt mit unbekannten Wesen aus dem All? Was geschah also wirklich in den ersten Juli-Tagen des Jahres 1947 in New Mexico? Selbst 53 Jahre nach den mysteriösen Ereignissen bei Roswell bleibt viel Raum für Spekulationen. Man darf schon jetzt auf die nächsten Enthüllungen der US Air Force gespannt sein. Denn die kommen bestimmt. Wenigstens die wirren Dementis aus dem Pentagon sind unbestreitbare Realität. Und noch etwas geht aus dem jüngsten Air-Force-Kommentar tröstlich hervor: Wir wissen jetzt endlich, dass der exzentrische Popstar *Michael Jackson,* der 1990 in einem Interview erklärte, er wolle in der Wüste von Nevada einen UFO-Landeplatz bauen, doch einer von uns ist ...

Versuchskaninchen Mensch

Die Natur und der wahre Ursprung der UFOs ist nach wie vor ungeklärt. Solange wir nicht wissen, *wer* oder *was* sich hinter diesem Phänomen verbirgt, bleibt die Vorstellung von außerirdischen Besuchern im Rennen. Unbestreitbare Beweise für diese These konnten bislang allerdings nicht vorgebracht werden. Die Theorie, alle UFOs seien als Kombination *natürlicher* Effekte oder *psychosoziologischer* Prozesse zu erklären, lässt sich aufgrund der Beobachtungen ebenfalls nicht halten, macht der Astrophysiker und Autor Dr. *Jacques Vallée* in seinem Buch „*Enthüllungen*" deutlich. Der UFO-Forscher schlägt deshalb vor, bei zukünftigen Forschungen auf diesem Gebiet weitere Hypothesen in Betracht zu ziehen, und verweist auf solche, die sich um „natürliche oder künstliche *Kontrollsysteme* drehen". Vallée sieht hier Verbindungen zu Schilderungen, die von außerirdischen Kidnappern berichten. Tatsächlich lassen sich Belege dafür finden, dass Militärs und Geheimdienste in das Phänomen der UFO-Entführungen verwickelt sind. Geheime militärische Experimente an Menschen liefern dafür schaurige Hinweise.

„Sie sind nichts anderes gewesen als Versuchskaninchen zum Wohle unserer nationalen Sicherheit." So bezeichnete der amerikanische demokratische Abgeordnete im Repräsentantenhaus *Edward Markey* das Unfassbare: Im November 1994 wurde offiziell enthüllt, dass amerikanische Ärzte seit dem Ende des Zweiten Weltkriegs bis in die jüngste Zeit radioaktive Tests an Menschen durchführten, ohne dass die Betroffenen davon wussten. Was bisher an die Öffentlichkeit gelangte, erinnert an die schrecklichen Menschenversuche aus der dunklen Geschichte der Nazi-Herrschaft:

- Schwerkranken Patienten wurde ohne ihr Wissen Plutonium injiziert, um herauszufinden, wie schnell der Körper das hochgiftige Element wieder ausscheiden würde.
- 800 schwangeren Frauen wurde radioaktiv angereichertes Essen verabreicht, um zu untersuchen, wie sie das Eisen absorbierten. Eine Nachfolgestudie zeigte, dass die Kinder dieser Frauen ein wesentlich höheres Krebsrisiko hatten.
- Angehörige der Harvard-Universität verabreichten Kindern über Monate radioaktiv verseuchten Haferbrei, um die Stoffwechselreaktion zu untersuchen.
- Die größte Zahl radioaktiv Geschädigter ist in den Staaten Nevada, Utah und Arizona zu verzeichnen, wo die US-Army über Jahrzehnte Atomtests durchführte.
- In zwei Gefängnissen wurden Hunderten Insassen die Hoden verstrahlt. Anschließend sterilisierte man die Männer, um „Atommutanten" zu verhindern.
- Es gab nachweislich Experimente mit radioaktiven Wolken, ohne dass Tausende Bewohner der jeweiligen Gebiete informiert oder geschützt worden wären.

Die Energieministerin im Kabinett Clinton, *Hazel O'Leary,* hat die weitere Untersuchung der Vorfälle ins Rollen gebracht und sprach von *„32 Millionen* als ‚geheim' abgestempelten Akten", die mit den Menschenversuchen unmittelbar in Zusammenhang stehen. „Mit Erschrecken und Erstaunen" habe sie festgestellt, dass ihr Ministerium „auf einem riesigen Berg beschämender Geheimnisse" sitze. Auftraggeber der Versuche waren Organisationen und Geheimdienste sowie Pentagon und CIA.

Die Russen waren mit Tests an Menschen ebenfalls nie zimperlich. Zahllose Menschen mussten zu Forschungszwecken herhalten: Etwa als die Sowjetarmee 1954 zwischen Samara und Odenburg eine Atombombe in der Nähe von 45.000 Soldaten zündete – und untersuchte, ob unmittelbar nach der Atomexplosion in verstrahltem Gebiet weitergekämpft werden kann.

Neue Dokumente belegen, wonach auch England bis heute rechtlich und moralisch höchst fragwürdige Experimente mit radioaktivem Material durchgeführt haben soll. Dass sich die Briten über die Gefahren ihrer Tests bewusst waren, beweist ein Dokument, das kürzlich bekannt wurde. Darin fragt sich ein britischer Atomforscher: „Was ist die schlimmste mögliche Konsequenz für unsere Testperson?" Die Antwort ist ebenso kurz wie unmissverständlich: „Der Tod."

Experimente mit Menschen beschränken sich nicht auf radioaktive Versuche. Neue Dokumente weisen nach, dass es militärische Verwicklungen zum Thema UFO-Entführungen gibt. Sondereinheiten des Militärs verschleppen arglose Personen kurz nach dem Bekanntwerden einer UFO-Entführung, untersuchen sie in unterirdischen Militärbasen und setzen ihnen geheim entwickelte Biochips ein, Implantate, die als *Verhaltenskontroll*-Experiment dienen.

Auf den Spuren solcher geheimdienstlichen Machenschaften sind nicht irgendwelche Sciencefiction-Autoren, denen berufsbedingt eine blühende Fantasie nachgesagt werden kann, sondern gewissenhafte Wissenschaftler. Einer von ihnen ist der österreichische Astronom Dr. *Helmut Lammer.* Der bekannte Autor und UFO-Experte arbeitet als Geophysiker auf dem Gebiet der Planetenatmosphäre am *Institut für Weltraumforschung* in Graz. Er veröffentlicht aktuelle Studien und Analysen in renommierten internationalen wissenschaftlichen Fachzeitschriften. Zuletzt war Lammer an der Auswertung von Magnetfelddaten der *Mars Global Surveyor Mission* der amerikanischen Weltraumbehörde NASA beteiligt. Schon viele Jahre beschäftigt sich der Weltraumforscher mit dem UFO-Phänomen und ähnlichen grenzwissenschaftlichen Themen. Bevorzugtes Interesse: zukünftige militärische Studien und Technologien sowie militärische Geheimhaltung nach Ende des Kalten Krieges. Lammers Bücher *„UFO-Geheimhaltung"* und *„UFO-Nahbegegnungen"* (beide in Koautorenschaft mit dem Ingenieur *Oliver Sidla*) zählen zu den Standardwerken in der UFO-Literatur. 1997 überraschte der Wissenschaftler mit einem neuen Buch über im Hintergrund agierende Geheimdienste. *„Verdeckte Operation"* heißt das Werk, worin Lammer, unterstützt durch seine Gattin *Marion,* die Verbindung von Militärs zum Entführungsphänomen verdeutlicht.

Nach Lammers Studien beschränken sich die Erkenntnisse der *wissenschaftlichen* UFO-Forschung derzeit auf folgende drei Schwerpunkte:

Erstens: Es existiert ein realer physikalischer Kern des UFO-Phänomens.

Zweitens: UFO-Phänomene hinterlassen physikalisch messbare Spuren wie Magnetfeldänderungen, Strahlungsschäden, Radardetektion oder Wärmeabgabe.

Und drittens: Manche dieser messbaren Vorfälle sind mit einer starken psychologischen Komponente behaftet, die in die noch unverstandenen UFO-Entführungserlebnisse einmünden.

„Bei einem UFO-Entführungserlebnis", so macht Lammer begreiflich, „erinnert sich der oder die Betroffene meistens nur an einen fehlenden Zeitabschnitt, der mit einem hellen Licht in Zusammenhang steht. Unter psychiatrischer Behandlung kommen dann die allseits bekannten Geschichten von Experimenten in einem kleinen runden Raum zum Vorschein, die von fremdartigen kleinwüchsigen und grauhäutigen Wesen durchgeführt werden. Weist die betroffene Person eine so genannte posttraumatische Stressstörung auf, ist ihr vermeintlicher Kontakt mit dem Unbekannten ernst zu nehmen."

„Die mysteriösen Inhalte solcher weltweit auftretenden Fälle", so verrät mir Lammer weiter, „werden zurzeit auf ihre Gemeinsamkeit überprüft und im *MUFON-Abduction-Transcription-Projekt* statistisch untersucht."

Weisen die bisherigen Ergebnisse der Untersuchung auf *außerirdische* oder *irdische* Experimenteure hin, wollte ich von dem UFO-Experten wissen. Beides hält Lammer für möglich: „Ich habe mit meiner Frau in unserem Buch ‚Verdeckte Operationen' erstmals nachgewiesen, dass sich in Nordamerika militärisch-geheimdienstliche Spezialeinheiten für Personen mit

UFO-Entführungserlebnissen zu interessieren scheinen. Unsere Studie wurde von vielen Forschungsorganisationen unterstützt, ist topaktuell und stieß in den USA und Kanada auf großes Interesse, da seit einiger Zeit in der Presse und in der Öffentlichkeit immer wieder Berichte über vormals geheim durchgeführte Experimente an ahnungslosen Menschen veröffentlicht wurden."

Der Wissenschaftler verweist hier auf jene Experimente, die in den USA, Kanada und England durchgeführt wurden. Eine 1994 vom amerikanischen Präsidenten *Bill Clinton* zusammengestellte Untersuchungskommission fand damals heraus, dass das *amerikanische Verteidigungsministerium,* die *Central Intelligence Agency* (CIA), die *Navy,* das *Department of Energy* und andere Behörden zwischen 1944 und 1975 etwa 400 biomedizinische Experimente an unwissenden amerikanischen Einwohnern durchführten. Diese Personen setzten sich aus Häftlingen, Soldaten, psychisch Kranken, schwangeren Frauen und Personen aus ärmeren Schichten zusammen. Lammer über die verwerflichen Tests an menschlichen Versuchskaninchen: „Man fand heraus, dass Tausende Amerikaner ohne ihr Wissen radioaktiver Strahlung, Nervengas, LSD und anderen biologischen Kampfstoffen ausgesetzt wurden. Der Zweck dieser Experimente ist aus den freigegebenen Dokumenten nicht eindeutig ersichtlich.

Die Kommissionsmitglieder konnten auch nicht eruieren, *wann* diese Experimente eingestellt wurden. Man weiß allerdings, dass man sie mit Sicherheit noch Mitte der siebziger Jahre durchführte."

Beunruhigend ist der Täterkreis: „Viele Experimente wurden an renommierten Forschungseinrichtungen, an Universitäten, Spitälern und Privatkliniken ausgeführt. Die Professoren, Wissenschaftler, Assistenten und das Hilfspersonal waren zum Schweigen verurteilt und besserten sich ihr Einkommen mit Geldern vom Militär, der CIA, der Navy und anderen Organisationen auf", betont Lammer.

Warum waren solche Experimente unter dem Motto „Nationale Sicherheit" in der freien Welt überhaupt möglich? Wie konnten diese schrecklichen Versuche *unbemerkt* durchgeführt werden? Lammer: „Manche Politologen und Historiker meinen, dass der ‚Kalte Krieg' zwischen den westlichen Verbündeten und der ehemaligen Sowjetunion schuld an diesen vom Staat geduldeten Verbrechen war. Da man wusste, dass in kommunistischen Ländern ähnliche Experimente durchgeführt wurden, wollte der Westen nicht nachstehen."

Wer aber garantiert, dass solche oder andere Experimente wirklich Mitte der 70er Jahre eingestellt wurden? Gibt es auch gegenwärtig vertuschte Versuche an der unwissenden Bevölkerung? Sollte man sich nicht fragen, *wer* diese Personen sind, die sich über den Kongress und den Präsidenten hinwegsetzen, um diese Forschungen geheim durchführen zu können? *Wie* und von *wem* werden die an diesen Projekten arbeitenden Wissenschaftler finanziert?

Das Ehepaar Marion und Helmut Lammer fand heraus, dass seit Anfang der 80er Jahre immer mehr Personen in die Öffentlichkeit treten, die nicht nur traumatische Erfahrungen mit angeblichen UFO-Insassen hatten, sondern auch Kontakt mit irdischem Militärpersonal. Diese Personen berichten, dass sie traumatische Rückblenden erleben, bei denen sie sich in einem Spital wiedersehen oder von Militärs durch unterirdische Forschungsanlagen eskortiert und danach von irdischen Medizinern untersucht werden. Helmut Lammer behauptet nun, dass viele Forscher, die sich mit der Entführungsproblematik beschäftigen, diese Informationen bewusst von der Literatur fern halten oder sie nicht ernst nehmen: „Erst nachdem einige Betroffene selbst den Mut aufbrachten, über ihre unglaublichen Erlebnisse zu schreiben oder zu sprechen, kamen diese Hinweise ans Tageslicht."

Die Verwicklung einer militärischen Gruppierung könnte auch der Grund für die Geheimhaltung des UFO-Phänomens sein. Exotische Waffen, militärische Implantate, Drogen, Virtual-Reality-Szenarios für psychologische Kriegsführung, UFO-ähnliche Waffenplattformen und Mind-Control-Technologien werden unter dem Deckmantel des UFO-Entführungsphänomens von Militärs getestet. Andererseits kann der UFO-Experte Lammer auch nicht ausschließen, dass diese Spezialeinheiten mit Hilfe modernster Technologien herausfinden möchten, ob und wie UFO-Entführungen in unserer Realität ablaufen. Dazu Lammer: „Der Grund, wieso man an diese Informationen nur sehr schwer oder gar nicht herankommt, ist die so genannte *Need-to-Know-Befugnis*. Diese Sicherheitsklassifizierung ist ähnlich einer Pyramide aufgebaut und ermöglicht es nur bestimmten Personen, gewisse Geheimnisse zu erfahren, spezielle Forschungseinrichtungen und Geheimlabors zu betreten. Diese Personen müssen keine Politiker sein. Es ist durchaus möglich, dass Wissenschaftler, die an streng geheimen Projekten arbeiten, eine höhere Need-to-Know-Befugnis haben als etwa der Präsident."

Lammer hält es außerdem für äußerst naiv, wenn man, so wie viele Journalisten, den Aussagen militärischer Pressesprecher ungeprüft glaubt. Diese Personen haben nicht die erforderliche Befugnis oder das nötige Wissen, um über verdeckt durchgeführte Operationen, geheime Technologien, möglicherweise geborgene UFOs und andere Aktivitäten Auskünfte zu erteilen.

„Durch diese Befugnis ist es möglich", so erklärt der UFO-Forscher, „militärische Geheimnisse oder illegal durchgeführte Experimente von der Öffentlichkeit und den gewählten Politikern fern zu halten." Hier führt der Wissenschaftler den Roswell-Zwischenfall an, wo dieses Szenario der Unwissenheit besonders augenscheinlich zu beobachten ist: „Die Presse glaubt bereitwillig den Meldungen der amerikanischen Luftwaffe, obwohl diese alle Monate unterschiedliche Lösungen anbietet, die mittlerweile in die kuriose Erklärung von abgeworfenen Puppen hinauslief. Leider vergessen die Medien der Öffentlichkeit mitzuteilen, dass diese Puppenabwürfe etwa sechs Jahre *nach* der vermeintlichen UFO-Bergung stattfanden." Wie viele andere Beobachter der Geschehnisse um Roswell fragt sich auch Lammer, welche Erklärungen noch folgen werden. Zurzeit sind es Puppen, was kommt danach?

Ob unbekannte Naturphänomene, geheime militärische Mächte, Zeitreisende aus der Zukunft oder doch Raumschiffe aus einer fernen Galaxie: Das große Rätsel der „Fliegenden Untertassen" wirklich zu lösen ist bisher nicht gelungen. Die Diskussion über die UFO-Wahrheit dürfte somit noch lange nicht beendet sein, obwohl die offizielle Mauer des Schweigens inzwischen höchst einsturzgefährdet erscheint. Konsequenz: Die Wahrheit zeigt sich im Verdacht, der andauert …

III. Das Erbe der Sterngötter

„Die Sternenwelt ist mit Wesen übersät, die uns dermaßen überlegen sind, dass wir sie in Hinblick auf die von Göttlichkeit gehegte Vorstellung als Götter bezeichnen können.“

Voltaire, eigentlich François-Marie Arouet (1694–1778), französischer Philosoph

UFOs seit Jahrtausenden

UFO-Sichtungen sind keine Erscheinung der letzten 50 Jahre. Schon davor, während des Zweiten Weltkriegs, beunruhigten eigenartige Flugscheiben die Piloten der deutschen und alliierten Luftstreitkräfte. Der Abwehrdienst unter Admiral *Canaris* legte 1943 eigene Akten über diese Beobachtungen an, die Besatzungsmitglieder der amerikanischen und britischen Bomber meldeten: geheimnisvolle Objekte mit einem unheimlich wendigen und rasanten Flugverhalten, die von den Piloten *„Foo Fighter“* getauft wurden. Auch die Deutschen beschrieben das Auftauchen solcher „Geisterflieger“. Auf beiden Seiten hielt man die unerklärlichen Luftphänomene für eine Wunderwaffe des Feindes. Doch der wahre Ursprung dieser feuerballähnlichen „Flugkörper“ konnte niemals geklärt werden.

Viele UFO-Skeptiker neigen zur Auffassung, dass die rätselhaften Erscheinungen am Firmament lediglich eine *moderne Psychose* seien, die mit den Gefahren unseres hoch technisierten Zeitalters zu tun haben könnten. Doch die Beobachtung mysteriöser Himmelserscheinungen beschränkt sich durchaus nicht auf unser Jahrhundert. UFOs sind *kein* neuartiges Phänomen. So gut wie aus allen Epochen der Menschheitsgeschichte liegen einschlägige Erlebnisse und Überlieferungen vor. Eine kleine Zeitreise in unsere Vergangenheit liefert einen ausgewählten Überblick über die historischen Beobachtungen „nicht identifizierter Flugobjekte“.

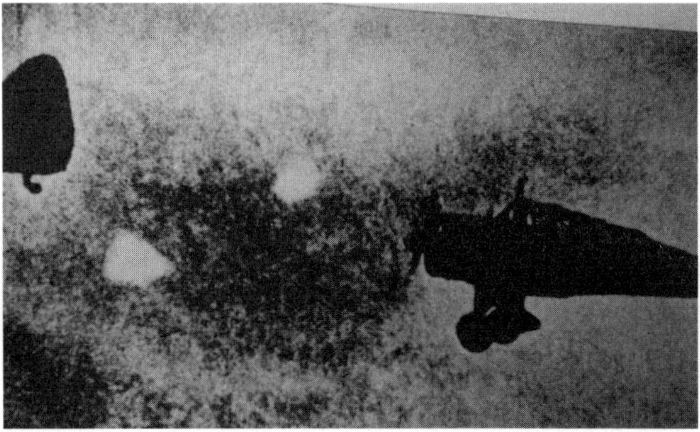

1944 über Deutschland: Mysteriöse „Foo Fighter" bedrängen während des Krieges Flugzeuge.

19. Jahrhundert:

- April 1897: Ein „zigarrenförmiges Luftschiff" wird über *Kansas City* gesichtet und richtet Scheinwerfer zur Erde. Bald darauf sorgte der „fliegende Torpedo" auch in anderen amerikanischen Städten, vor allem im Bundesstaat Texas, für Aufregung bei Menschen und Tieren. Die Presse berichtete ausführlich über diese Vorfälle.
- Am 3. November 1888 fliegt über den englischen Städten *Readin* und *Berkshire* ein Flugobjekt hinweg, das in einem Gebiet von 300 Quadratkilometer eine Panik unter den Scharfherden verursacht.
- Im August 1883 beobachtet der mexikanische Astronom Prof. *José Bonilla* vom Observatorium von Zacatecas aus 283 seltsame Objekte, die an der Sonnenscheibe verbeihuschen. Es gelingt ihm sogar, einige davon zu fotografieren. Diese Bilder dürften die ersten UFO-Fotos der Welt sein.

18. Jahrhundert:

- Am 7. Juni 1779 werden in Frankreich zahlreiche glühende Scheiben über der Stadt *Boulogne* beobachtet.

- 1760 melden Seeleute fliegende Objekte in *Radform,* die über den Persischen Golf schweben und deren Lichtstrahlen ihr Schiff durchdringen.
- Eine „rasch fliegende, leuchtende Wolke“ soll am 4. November 1704 über der Schweiz gesichtet worden sein, die mit großer Geschwindigkeit hinter dem Horizont verschwand.

17. Jahrhundert:

- Aus dem Jahr 1697 wird berichtet, dass eine „hell leuchtende, kreisförmige Maschine mit einer Kugel in der Mitte“ zahlreiche norddeutsche Städte, darunter *Hamburg,* überflog.
- 1677 berichtet der britische Astronom *Edmund Halley* von der Sichtung eines „großen Lichtes am Himmel von ganz Südengland, viele Kilometer hoch“.
- UFO-Hinweise liefern auch religiöse Kunstschätze: Eine ungewöhnliche Kreuzigungsszene zeigt ein Motiv in der georgischen Stadt *Mtskheta* – in dem *Svetitskhoveli*-Gotteshaus. Dort sieht man zwei bemannte raumschiffähnliche Objekte neben dem gekreuzigten Erlöser fliegen. Was veranlasste die Freskenmaler des 17. Jahrhunderts solche Gebilde darzustellen?

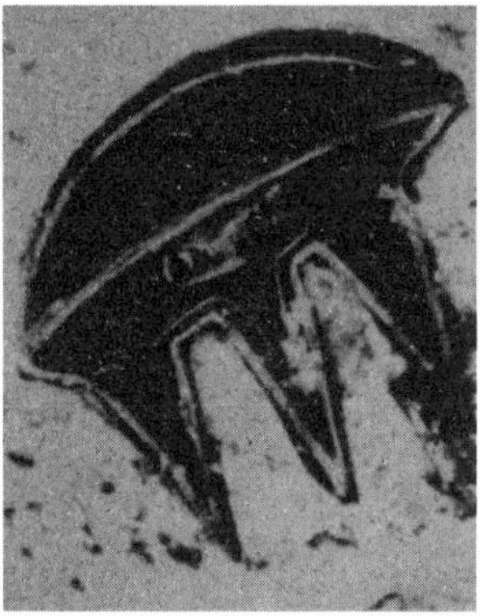

Ein Fresko aus Georgien zeigt die Kreuzigungsszene. Über einer Stadtmauer im Hintergrund schweben zwei raumschiffähnliche Objekte. Was veranlasste die Maler des 17. Jahrhunderts solche Gebilde darzustellen?

16. Jahrhundert:

- In den Chroniken von *Samuel Coccius* sind Sichtungen von schwarzen und runden Scheiben beschrieben, die 1566 über *Basel* flogen.
- Im Jahr 1561 wollen zahlreiche *Nürnberger* „blutrote, blaue und schwarze Bälle“ und „kreisförmige Scheiben“ sowie zwei „spiralförmige Gegenstände“ über ihrer Stadt beobachtet haben, die etwa eine Stunde am Himmel standen und dann wie Feuer auf den Erdboden fielen.
- 1557 wurden sowohl über der österreichischen Bundeshauptstadt *Wien* als auch über *Polen* verschiedene leuchtende Objekte wahrgenommen, die als „grüne und rote Sonnen“ beschrieben werden.

15. Jahrhundert:

- Am 11. Oktober 1492 sehen *Christoph Kolumbus* und etliche seiner Besatzungsmitglieder von Bord der *Santa Maria* aus ein „Licht in einer großen Entfernung schimmern, das mehrmals wiederkehrte“.
- Auf dem Gemälde *„La Madonna e San Giovannino“* des Malers *Filipo Lippi* (*1412) ist am oberen rechten Bildrand ein scheibenförmiges Flugobjekt dargestellt. Was diente dem florentinischen Maler als Vorlage? Eine ähnliche Szene findet sich auf einem mittelalterlichen Gobelin, der das Leben der Jungfrau Maria darstellt: ein über der Stadt schwebendes, mit einer Kuppel versehenes Flugobjekt.

14. Jahrhundert:

- In der *„Pugerschen Chronik“* wird erwähnt, dass ein „schrecklich feuriger Klotz“ 1344 in *Feldkirchen* vom Himmel fiel, der „nach einiger Zeit brennend gelegen, im Angesicht aller von dannen wiederum von *selbst* in die Luft und Wolken gefahren“ sei.
- Wandmalereien mit seltsamen Motiven, ähnlich wie jene aus dem Georgien des 17. Jahrhunderts, finden sich im ehemaligen Jugoslawien, in der südlichen Region von Kosovo-Metohija. Die Fresken des Klosters *Desani,* geschaffen Anfang des

Auf mittelalterlichen Szenen, wie diesem Gewölbe, entdeckt man gelegentlich fremdartige Elemente: Über der Stadt schwebt deutlich erkennbar ein kuppelförmiges Flugobjekt.

14. Jahrhunderts, zeigen den gekreuzigten Jesus auf Golgatha. Darüber zwei stromlinienförmige Flugkörper, aus deren Heck deutlich sichtbar Flammen schlagen. Die mittelalterlichen „UFOs" sind jeweils bemannt und ihre „Piloten" scheinen ihre Luftfahrzeuge regelrecht zu steuern.

13. Jahrhundert:

- Aufzeichnungen aus dem Jahr 1270 erzählen, dass über *Bristol,* England, ein Luftfahrzeug geschwebt sein soll, dessen Anker sich an der Kirchturmspitze verfing. Ein Besatzungsmitglied, das versuchte, den Anker zu lösen, wurde als „Dämon" von der Menge gesteinigt.
- Der Chronist *Conrad Lycosthenes* berichtet aus dem Jahr 1250: „Ein wundervoller heißer Lichtstrahl von großem Ausmaß fällt bei *Erfurth* plötzlich vom Himmel herab zum Boden und verwüstet manche Stelle. Dann dreht er sich und steigt himmelwärts, worauf er eine runde Form annimmt."

12. Jahrhundert:
Chronisten berichten, dass 1105, vor der Zerstörung und Eroberung *Nürnbergs* durch *Heinrich IV.*, „am Himmel zwei Feuerbälle erschienen, die, in Gestalt und Leuchtkraft der Sonne ähnlich, in sämtlichen Farben strahlten".

11. Jahrhundert:
Die tibetische Sagenwelt kennt Erzählungen von „fliegenden Trommeln". Eine Legende schildert den Kampf des Magiers *Mila Räpa* (*1040) mit dem Schamanen *Bon-po,* Oberhaupt einer gleichnamigen Sekte. Bon-po flog, um seine Macht zu beweisen, mit einer Trommel den Kailasa-Berg hinauf.

10. Jahrhundert:
Der hl. *Dunstan* (*909), Erzbischof von *Canterbury,* England, beobachtete eines Nachts, als er zum Gebet in die Kathedrale ging, ein Lichtphänomen. Er deutete die rätselhafte Erscheinung, gemäß seines Glaubens, als Maria mit himmlischem Gefolge.

9. Jahrhundert:
Der französische Geistliche *Agobard,* Erzbischof von *Lyon,* beschreibt im 9. Jahrhundert, dass Mitglieder seiner Gemeinde behaupteten, ihre Gegend werde von „Seeleuten aus der Luft" heimgesucht, die auf Schiffen in den Wolken ankämen und Obstgärten und Weizenfelder plünderten.

8. Jahrhundert:
Der Dortmunder Schriftsteller *Hans-Werner Sachmann* hat in den Annalen des Mönchs *Laurencio* historische UFO-Quellen aufgestöbert. Darin wird geschildert, wie die Sachsen 776 versuchten, die von dem späteren Kaiser *Karl dem Großen* eingenommene *Sigiburg,* heute Dortmund-Hohensyburg, zurückzuerobern. Doch das Sachsenheer wurde durch plötzlich auftauchende „fliegende Schilde" über der Kirche derart erschreckt, dass sie in Panik die Flucht ergriffen. Hunderte fränkische und sächsische Krieger werden in den alten Chroniken als Augenzeugen des feurigen Phänomens genannt.

7. Jahrhundert:
Beda Venerabilis, Benediktinermönch von *Wearmouth* und Vater der englischen Geschichte (*672), berichtete in seiner *„Historia Ecclesiastica Gentis Anglorum"* über fünf verschiedene Erscheinungen von ungewöhnlichen Flugobjekten.

6. Jahrhundert:
Gregor von Tours schrieb in der *„Historia Francorum":* „Eine ziemlich hell leuchtende Kugel flog im Jahr 583 über französischem Gebiet."

5. Jahrhundert:
In vielen chinesischen Werken unterschiedlicher Epochen wird die Geschichte von dem sagenhaften Volk *Chi-Kung* und ihren „fliegenden Wagen" erzählt. Im *„Tschen kâo"* von *Táo Hung Tsching* (*451) sind technische Details, Räder, Getriebe und Propeller der Himmelswagen beschrieben. Die Erzählungen solcher Flugapparaturen reichen bis ins zweite vorchristliche Jahrtausend zurück.

4. Jahrhundert:
Im Weströmischen Reich kam es zu ersten Reformen des Christentums durch die Bekehrung *Konstantins des Großen.* Zeitgenossen des Kaisers haben den Auslöser dafür festgehalten: Seiner wahren Läuterung soll das Ereignis einer Erscheinung vorausgegangen sein, die Konstantin, wie es heißt, 312 n. Chr. wahrgenommen hatte. In einer Überlieferung heißt es: „... als er an der Spitze seiner Truppen marschierte, wurde ihm eine unbeschreibliche übernatürliche Erscheinung zuteil. Es war nämlich zu der Zeit des Tages, in der die Sonne den Zenith überschritten hat und sich nach Westen zu neigen beginnt, als er eine Lichtsäule in Form eines Kreuzes erblickte ..."

3. Jahrhundert:
Der italienische Historiker *Alberto Fenoglio* beschreibt eine UFO-Sichtung aus dem Jahr 268 n. Chr. Über der syrischen Stadt *Palmyra* sollen „zwei große, feurige Kugeln" gesichtet worden

sein. Eine hätte sich in eine „gewaltige Wolke verwandelt“, während die „andere Kugel hoch am Himmel verschwand.“

2. Jahrhundert:
Verschiedene römische Legenden erzählen von einer Verschleppung durch geflügelte Wesen. Auf einer Reliefsäule des 2. Jahrhunderts sind *Antonius* und *Faustina* dargestellt, wie sie am Rücken eines geflügelten Genius in den Himmel entführt werden. Wer oder welche Macht bewirkte die Wegführung in andere Welten?

1. Jahrhundert:
Der griechische Philosoph *Plutarch,* der um 50 bis etwa 125 n. Chr. lebte, erwähnt in seinen Werken den „Absturz einer himmlischen Sonnenbarke“. Ein Menschenalter vor seinem Besuch in Ägypten, so wird erzählt, habe man noch Trümmer aus rotgoldenem Metall auf einer der oberen Nilinseln liegen sehen. Reste von jenem Sonnenschiff, mit dem „Gott“ *Osiris* einst aus dem Nachtmeer herabgekommen sei.

Nach diesem bescheidenen Ausflug in das historische UFO-Museum sind wir in der grauen Vorzeit gelandet, inmitten der Religionen und Mythen unserer Vorfahren. Hinweise auf fliegende Apparaturen und Gottheiten lassen sich in allen religiösen Weltanschauungen finden. In *peruanischen* Erzählungen heißt es etwa, dass „fremde Wesen, die Götter“, vor langer Zeit aus „metallischen Eiern“ geboren wurden, die einst vom Himmel herabgeschwebt seien. Bei den *Haida*-Indianern in Kanada ist die Erinnerung an himmlische Wesen lebendig, die anno dazumal mit einem „Donnervogel“ und „Feuertellern von den Sternen kamen“. Auch in den Legenden der *Maya* ist von riesigen Adlern die Rede, die mit Donner und Gebraus vom Himmel stiegen. Und im babylonischen *Etana*-Epos wird Etanas Aufstieg zu den Sternen so anschaulich geschildert, dass man zwangsläufig an moderne Raumfahrt denken möchte. Chinesische Mythologien wiederum berichten von Sternenschiffen mit hell erleuchteten Fenstern und in alten indischen Sanskrittexten werden fliegende

Eine Stele in Guatemala zeigt eine Gottheit im Astronauten-Look: Helm und eng anliegender Anzug sind deutlich erkennbar.

Götterwagen, genannt *Vimanas,* erwähnt, die sich „wie ein Vogel aus eigener Kraft auf der Erde, im Wasser oder in der Luft bewegen“ konnten. Schon Zehntausende Jahre alte Höhlenmalereien und Felsgravuren aus Afrika, Australien, Peru, Brasilien oder Norditalien zeigen Motive, die an „Fliegende Untertassen“ erinnern. Nicht zu vergessen jene Felsbilder und Skulpturen mit überirdischen und schwebenden Geschöpfen, fremdartigen Attributen und einem Helm oder Strahlenkranz um den Kopf.

Was waren das für seltsame Himmelsboten, von denen die Mythen und Legenden verschiedenster Kulturkreise erzählen? Waren es lediglich Verehrungen und Vorstellungen von Geistern und Dämonen, entstanden aus irgendwelchen *Natur*mythen? Oder haben wir es doch mit einem Phänomen zu tun, das als Erinnerung an *leibhaftige* Besucher aus dem Kosmos aufgefasst werden könnte? Sind die „Götter“ in Wahrheit *Astronauten* fremder Planetensysteme? Kam, wie in den Mythen immer wieder behauptet wird, das Wissen von den Sternen? Wurde die irdische Evolution von außerirdischen Intelligenzen beeinflusst? Hatten wir seit Anbeginn der Menschheitsgeschichte Berater aus dem All?

Prä-astronautische Spurensuche

„Wenn es ungefähr eine Million Welten in der Galaxis gibt, die derartige Errungenschaften aufzuweisen haben, werden sie sich ungefähr einmal in tausend Jahren untereinander besuchen. Daraus folgt, dass in der Vergangenheit sicherlich schon mehrmals Kundschafterschiffe die Erde erreicht haben – vielleicht 10.000-mal während der gesamten Erdgeschichte.“

Bei *Erich von Däniken* wäre man solche Schlüsse gewöhnt, doch dieses Zitat stammt nicht von dem Schweizer Götterforscher. Der kühne Ausspruch fiel 1963, und zwar durch den berühmten, vor vier Jahren verstorbenen amerikanischen Astronomen Professor *Carl Sagan.*

Kaum ein anderes Thema hat die Fantasie der Menschen mehr beflügelt als die Frage, ob die Erde in prähistorischen Zeiten Besuch aus dem Weltall erhalten hat. Zugegeben, der Gedanke klingt fantastisch und provokant. Viele verbannen deshalb die außerirdische Visite ins Reich der Utopie. Andere hingegen sind davon überzeugt, dass es wert wäre, die alten Quellen genauer unter die Lupe zu nehmen und nach stichhaltigen Indizien zu suchen. Sie verweisen auf Ungereimtheiten wie:

- *Uralte Überlieferungen* und *Aufzeichnungen,* die Raumfahrtelemente enthalten, darunter die Bibeltexte des Propheten *Ezechiel,* worin jenes seltsame Himmelsgefährt beschreiben wird, das *Gott* als Transportmittel gedient haben soll. Weshalb, so fragen unbelehrbare Bibelrebellen, hat der *allmächtige* Gott es nötig, sich mit Gebrause, Donnergrollen und Rauchschwaden auf der Erde niederzulassen?
- *Rätselhafte Bauwerke, behelmte Götterskulpturen* und *archäologische Funde,* wie die Grabplatte des *„Fliegenden Gottes von Palenque“* oder kleine präkolumbische Flugzeug-Goldmodelle, die an exakte Wiedergaben moderner Düsenmaschinen erinnern.
- Erstaunliche *Kenntnisse* und seltsame *Rituale bei Naturvölkern.* Lebendige Erinnerungen an das Erscheinen von Himmelsboten sind uns durch Traditionen, Kulte und Bräuche erhalten geblieben, zum Teil heute noch in Form *lebendiger My-*

thologie und so genannter *Cargo-Kulte.* Bei genauerem Studium zeigt sich, dass diese fast vergessenen Traditionen keineswegs als „primitive“ Kunst abgetan werden kann, sondern weitere Indizien für mögliche außerirdische Impulse in grauer Vorzeit liefern.

Viele mathematische und astronomische Gegebenheiten lassen sich von den steinzeitlichen Monumenten ableiten. Woher hatten unsere Ahnen dieses Wissen? Erhielten die Priester der Vorzeit eventuell Hilfe von „außen“? Ist so etwas möglich? Oder geht diese Spekulation doch entschieden zu weit? Wenn wir den Sagen und Legenden Glauben schenken, waren es die Götter, die den Menschen ihr Wissen über Kunst, Wissenschaft und Technik vermittelten. Alte Kulturen wie die Pharaonen glaubten tatsächlich, die Götter seien ihre Vorväter gewesen, jene Wissenden, die einst vom Himmel – oder heute würde man sagen aus dem Weltall – zu den Menschen gekommen sind. Die alten Ägypter lebten in der Überzeugung, sie selbst würden nach ihrem Tod ebenfalls eine Sonnenbarke besteigen und da draußen irgendwo im Universum auf ihre Urväter stoßen.

Solche Hinweise auf vorzeitliche Astronautenbesuche lassen sich unter dem populären Schlagwort *Prä-Astronautik* oder *PaläoSETI*-Forschung zusammenfassen. In seinen Standardwerken zu dieser Thematik, dem *„Lexikon der Prä-Astronautik“* und dem Folgeband *„Die große Erich von Däniken Enzyklopädie“*, hat *Ulrich Dopatka* das breite Spektrum dieses Wissensgebietes dokumentarisch aufgezeigt. Wo liegt nun der literarische Ursprung der Prä-Astronautik? Wie bei vielen großen Ideen – Stichwort Raumfahrt –, finden wir Anspielungen darauf bei den Sciencefiction-Schriftstellern. So schildert bereits in den 50er Jahren Perry-Rhodan-Autor *Clark Darlton* in seinem Roman *„Planet Lerks II“* den Besuch von Außerirdischen in der Frühgeschichte mit hinterlassenen Spuren und Relikten, die erst von einer späteren technischen Zivilisation zu deuten sind. Sollte sich auch hier bestätigen, dass die Traumwelt von gestern die Realität von morgen ist?

In den frühen 60er Jahren fand die These vom Besuch aus dem All steigendes Interesse in diversen Fachpublikationen. Zu den bekanntesten und profiliertesten Schriftstellern aus der Anfangszeit der Prä-Astronautik zählen sicherlich *Robert Charroux, Peter Kolosimo, Jacques Bergier, Hans Schindler-Bellamy, Karl F. Kohlenberg, Alexander Kasanzew* oder *Walter Raymond Drake*. Für ständige Aufregung und Schlagzeilen im Medienwald sorgte das Thema aber erst durch die provokanten Bücher des aufmüpfigen Schweizers *Erich von Däniken*. Mit *„Erinnerungen an die Zukunft"* war ein Bestseller geboren, der 1968 um die Welt ging. Der Erfolgsautor, dessen Bücher die gigantische Auflage von nahezu 60 Millionen erreicht haben, macht seither nur noch eines: rund um den Globus zu reisen und Belege für den Besuch außerirdischer Götter zu sammeln, die seiner Auffassung nach in Religionen, Mythen und Legenden ihre Spuren hinterlassen haben.

Eine Überzeugung, die natürlich nicht der geltenden Lehrmeinung entspricht und Widerstand hervorruft. Doch je mehr ihn die „offizielle Wissenschaft" als Spinner belächelt, desto mehr wird Dänikens Ehrgeiz geweckt. Und weshalb sollten die Fragen nicht gestellt sein, die Däniken aufwirft? Wurde unsere Erde bereits vor Jahrtausenden von Außerirdischen besucht und hinterließen sie überall ihre Spuren? Warum wird in den Heiligen Schriften, und zwar weltweit, von den „himmlischen Lehrmeistern" gesprochen? Sind die in den Mythen beschriebenen Mischwesen *genmanipulierte* Geschöpfe? Schufen Außerirdische die menschliche Intelligenz „nach ihrem Ebenbild" durch einen gezielten Eingriff in unsere Erbanlage?

Obwohl derartige Thesen Skeptiker auf den Plan rufen, finden sich gerade in wissenschaftlichen Fachkreisen zunehmend Befürworter der Theorie erdbesuchender Allgeschöpfe. Dass hinter diesen „Göttern" offensichtlich mehr stecken könnte als nur fantasievolles Wunschdenken, wird in fundierten Sachbüchern, etwa dem von Johannes und Peter Fiebag herausgegebenen Anthologieband *„Aus den Tiefen des Alls"*, plausibel belegt. Mehr als dreißig Wissenschaftler aus aller Welt ziehen darin aus den Thesen der Prä-Astronautik durchaus positive Schlüsse.

Trotzdem fehlt bislang ein greifbarer Beweis, der jeden Zweifel für das Eingreifen Außerirdischer beseitigen würde. Haben fremde Intelligenzen etwas hinterlassen, das wir finden können, wenn wir es finden *wollen?* Es gibt viele Möglichkeiten, *wie* und *wo* eine Botschaft kosmischer „Götter" deponiert worden sein könnte. Vielleicht im All oder auf einem unserer „toten" Nachbarplaneten. Der NASA-Physiker *Robert A. Freitas* vom *Xenology Research Institute* im kalifornischen Sacramento hat schon vor einigen Jahren ein Projekt vorgeschlagen, das – ganz im Sinne Erich von Dänikens – bestimmte Punkte unseres Sonnensystems auf das Vorhandensein einer außerirdischen Sonde überprüfen soll. Solche Standorte will man im Rahmen des SETA-Projekts (Suche nach extraterrestrischen Artefakten) aufspüren. Haben „Sternengötter" vielleicht auch auf der Erde irgendwelche „Sonden" oder „Empfangsanlagen" deponiert? Hat man womöglich schon zu Urzeiten bestimmte Orte, Kultstätten oder Heiligtümer auf Abruf „präpariert"? Könnten paranormale Erscheinungen oder kosmische Pyramidenenergien damit im Zusammenhang stehen?

Wir kennen nicht wirklich die Hintergründe oder Motive, die hinter einer solchen, zugegeben spekulativen Installierung außerirdischer Gegenstände stecken könnte. Gewiss ist nur, dass die „Himmlischen" ihre Sendeanlagen ohne Gefahr, entdeckt zu werden, problemlos anwenden könnten. Denn die Wahrscheinlichkeit, dass etwa die katholische Kirche gezielte Forschungen nach außerirdischen Spuren unterhalb ihrer oft auf heidnischen Kultstätten errichteten Gotteshäuser gestatten würde, muss wohl als äußerst gering eingeschätzt werden.

Und die gewaltigen Monumente der Antike, wie etwa die „Große Pyramide" von *Gise*? Wäre sie der geeignete Ort für eine außerirdische Hinterlassenschaft? In der „Kammer des Wissens", irgendwo in einem geheimen Hohlraum in der Cheopspyramide, so wollen es alte Pyramidentexte wissen, soll der Weisheitsgott *Thot* einstmals „Bücher der Wissenschaft und der Erkenntnis" untergebracht haben, um sie vor Vergessenheit und Vernichtung zu bewahren. Könnte der Fund solchen Quellen auf außerirdische Eingriffe in der Frühgeschichte des Menschen schließen lassen?

Biblische Luftschiffe

Als reichste Fundgrube bei der Suche nach außerirdischen Kontakten und Hinterlassenschaften hat sich die *Bibel* erwiesen. Denn wenn man UFOlogen Glauben schenkt, dann wimmelt es im heiligen Buch der Bücher nur so von „Fliegenden Untertassen“ und technischen Apparaturen.

Eine alte äthiopische Überlieferung, die auf das Jahr 800 v. Chr. zurückgeht, erzählt ebenso wie das Alte Testament vom Besuch der *Königin von Saba* bei König *Salomon*. Beide verliebten sich ineinander, doch die edle Dame wollte ihr Land nicht im Stich lassen. Beim Abschied schenkte Salomon der Königin unter anderem einen Wagen, der „durch die Lüfte fuhr“. Es heißt sogar, Salomon habe das Flugzeug gemäß der ihm „von Gott verliehenen Weisheit“ selbst konstruiert. König Salomon als Flugzeugerbauer? Haben Wesen aus dem All Salomon dieses Wissen beigebracht?

Der Wiener Schriftsteller *Peter Krassa* schlägt in seinem provokanten Buch *„Gott kam von den Sternen“* eine fantastische Lösung der biblischen Rätsel vor. Alle Quellen des Alten Testaments, auch die verborgenen Bücher der Bibel, jene so genannten *Apokryphen,* beruhen zwar auf „wunderbaren und fantastischen“ Ereignissen, hätten aber, so Krassa, eine *reale* Grundlage. Es handle sich also „nicht bloß um Symbole und Visionen“, sondern um Beispiele für herausragendes Wissen, wobei u. a. *Moses* als Mittler zwischen außerirdischen Mächten und den Menschen wirkte.

Der evangelische Theologe und Sachbuchautor *Walter-Jörg Langbein* aus Lügde Niese in Deutschland kommt in seinen Büchern zu ganz ähnlichen Schlüssen. Auch er hat sich die Mühe gemacht, das Alte Testament nach UFO-Erscheinungen zu durchforsten und seine Rätsel als extraterrestrische Ereignisse auszulegen. Für ihn sind nicht nur die Engel Boten des von einem fernen Planeten die Welt regierenden Gottes. Auch die Heiligen Drei Könige werden nicht vom Stern, sondern vom „UFO von Bethlehem“ zur Krippe geführt, weil es einem Stern nicht möglich gewesen wäre, haargenau „über dem Stall zu halten“!

Der Bibelprophet Ezechiel beschreibt anschaulich die unheimliche Begegnung mit der „Herrlichkeit des Herrn" und seinem Fluggerät. Doch wozu benötigt der allmächtige Gott, der Schöpfer des Universums, ein Transportmittel?

Moses erhielt die Zehn Gebote von Raumfahrern, die ihm in einem auf der Spitze des Berges Sinai gelandeten UFO die Gesetzestafeln aushändigten, und die „Vision" des Propheten *Ezechiel* werten Langbein und andere UFO-gläubige Bibelinterpreten durch die beschriebene Detailliertheit geradezu zwingend als Beweis für die Landung von Himmelswagen. Langbein erinnert auch an den Propheten *Elias* (Kapitel 2, Vers 9, 10 und 11), der den Bibeltexten zufolge mit einem *„feurigen Wagen"* und *„feurigen Pferden im Sturm zum Himmel"* entrückt wurde. Oder bei *Hiob* (Kapitel 37, Vers 22): „Von Norden kommt *goldener Schein,* um Gott her ist *schrecklicher Glanz.*" Nicht minder Furcht einflößend geht es bei *Jesaja* zu (66,15). Da ist „Gott" ausgerüstet mit fliegenden Wagen, die als *„wirbelnder Sturm"* beschrieben werden. Und selbst wenn das Furcht einflößende Moment fehlt, bleiben die Himmelsgefährte, etwa in Psalm 104 (Vers 3 und 4): „Du fährst auf den Wolken wie auf einem Wagen und kommst daher auf den Fittichen des Windes und machst Winde zu deinen Boten und Feuerflammen zu deinen Dienern."

Besonders plastisch wird der Kontakt mit der göttlichen „Herrlichkeit des Herrn“ und seinem Transportmittel beim Propheten *Ezechiel* geschildert. Um 600 v. Chr. soll sich diese unheimliche Begegnung der dritten Art zugetragen haben. Schon der Beginn des Ezechiel-Berichtes erweckt Gedankenspiele an ein technisches Gerät: „Ich schaute, und siehe: Ein Sturmwind kam vom Norden her, eine gewaltige Wolke und loderndes Feuer mit Glanz ringsherum; von innen her war es wie blinkendes Glanzerz aus der Mitte des Feuers. In ihm waren Gestalten, die vier lebendigen Wesen glichen. Ihr Aussehen aber war dieses: Menschengestalt war ihnen zu Eigen. Ein jedes hatte vier Antlitze und jedes besaß vier Flügel. Ihre Füße waren geradlinig und ihre Fußsohlen abgerundet; sie funkelten wie poliertes Erz ...“ (Kapitel 1, Vers 5, 6 und 7)

Hatten der Bibelprophet und seine Zeitgenossen Visionen, die auf Einbildung oder psychologische Ursache zurückgeführt werden können? Beschrieben die alten Chronisten ein Landeraumschiff? Oder ist alles lediglich eine Sache des religiösen Glaubens? Letzteres hätte aber dann mit Wissenschaft nicht viel zu tun.

Einer, der sich redlich bemühte, die extraterrestrische Deutung der Ezechiel-Texte zu widerlegen, ist der aus Steyr in Österreich stammende Raketenspezialist und ehemalige NASA-Projektleiter Ingenieur *Josef F. Blumrich*. Er wanderte 1959 aus und wurde später bei der amerikanischen Weltraumbehörde Leiter der Abteilung Projektkonstruktion. UFOs im Altertum? Das konnte und wollte der renommierte Raumfahrtexperte der NASA nicht glauben. Blumrichs Sicherheit, Dänikens Ausführungen schnell widerlegen zu können, wurde jedoch sehr bald durch die nähere Prüfung der Bibeltexte verdrängt. Seine Studien brachten Blumrich gegen seinen Willen zu der Überzeugung, dass Ezechiel tatsächlich ein Raumschiff gesehen hatte, das unserer heutigen Technologie überlegen war. Der Wissenschaftler fand zu seiner eigenen Überraschung und Verblüffung zahlreiche *technische* Angaben, die es eigentlich laut Bibelforschung zu jener Zeit gar nicht geben durfte. Offensichtlich gab es diese Kenntnisse aber doch, wie sein US-Patent für ein allseitig bewegliches Rad, das er aus den Ezechiel-Texten rekonstruierte, bewiesen hat.

Der ehemalige NASA-Ingenieur Josef F. Blumrich bewies: Die technische Rekonstruktion des „Ezechiel-Raumschiffes“ ist möglich.

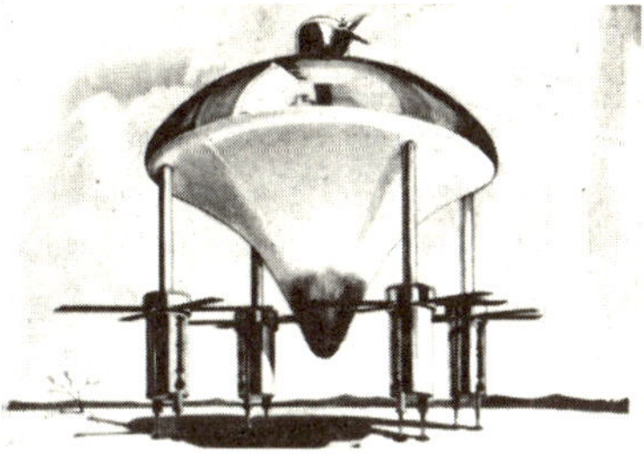

Blumrich, der ursprünglich einen Däniken-Protest schreiben wollte, löste 1973 mit seinem Buch *„Da tat sich der Himmel auf“* eine breite Diskussion in aller Welt aus. Der kritische Wissenschaftler wurde letztlich selbst zum Befürworter der These, dass die Erde einst Besuch aus dem All erhielt. Seine Erkenntnisse aus dem technischen Wissen vom Raumschiffbau ermöglichten eine systematische Analyse von dem UFO-Kontakt des Propheten Ezechiel. Blumrich zusammenfassend: „Man kann das allgemeine Aussehen der von Ezechiel beschriebenen Raumschiffe aus seinem Bericht herauslesen. Man kann dann, und zwar als Ingenieur, völlig unabhängig vom Bericht ein Fluggerät solcher Charakteristik nachrechnen und rekonstruieren. Wenn man dann feststellt, dass das Resultat nicht nur technisch möglich ist, sondern sogar in jeder Hinsicht sehr sinnvoll und wohl durchdacht, und ferner im Ezechiel-Bericht Details und Vorgänge beschrieben findet, die sich mit dem technischen Ergebnis ohne Widerspruch decken, dann kann man nicht mehr nur von Indizien sprechen. Ich habe gefunden, dass Ezechiels Raumschiff sehr glaubhafte Dimensionen hat und einem Stand der Technik angehört, den die heutige Menschheit erst in wenigen Jahrzehnten erreichen wird.“

Der deutsche Bauingenieur *Hans-Herbert Beier* hat die Ezechiel-Forschung weiter vorangetrieben. In seinem Sachbuch *„Kronzeuge Ezechiel“* folgte er Blumrichs Spuren und rekonstruierte mit wissenschaftlicher Sorgfalt Stück für Stück jene biblische Tempelanlage, zu welcher der Bibelprophet Ezechiel von den Fremden via Raumfahrzeug gebracht worden war.

Doch wie kamen die Sternengötter auf die Erde? Welcher technischen Möglichkeiten bedienten sich außerirdische Raumfahrer, um die gewaltigen kosmischen Distanzen zu überbrücken? Der frühere Raketenkonstrukteur Josef F. Blumrich, der heute beinahe 90 Lenze zählt und zurückgezogen in seinem Haus in Colorado lebt, meint, auf diese Problematik angesprochen: „Die Behauptung, wir wissen nicht, woher sie kamen, also können sie nicht hier gewesen sein, ist fragwürdig. Die veränderte Denkgrundlage für die weitere Forschung wird eines Tages so lauten: Sie sind hier gewesen, also müssen sie auch hergekommen sein."

„Marsmännchen-Mode" in Stein

Im *Popol Vuh,* dem heiligen Buch der *Quiché*-Maya, wird die Kleidung der Götter *Hun Camé* und *Vucub Camé* beschrieben. Schenkelstützen, Halsringe, Helme und Gesichtsmasken sollen die überirdischen Geschöpfe getragen haben. Oft sind es menschenähnliche und sogar menschengleiche Götterwesen, die in allen Mythologien der Kulturen rund um den Globus schriftlich und bildhaft überliefert wurden. Diese Darstellung von göttlichen Himmelsboten wird von der Gelehrtenwelt des *Anthropomorphismus* als eine Vermenschlichung gedeutet. Doch muss dies keineswegs immer zutreffen. Denn die aus Stein gehauenen oder aus anderen Materialien geformten Skulpturen könnten ebenso auf tatsächliche Beobachtungen zurückgeführt werden. Angesichts vieler solcher prähistorischen Statuen und Figuren stellt sich die Frage: *Was* wurde damals wirklich beobachtet? Kann es bloß als Zufall abgetan werden, wenn Götterstatuetten deutliche Attribute zeigen, die an Raumfahrtmotive und Astronauten erinnern?

Bei kuriosen Fundstücken aus Japan springt der „Raumfahrer-Look" besonders ins Auge. Forscher stießen in den Höhlen und Ruinen der Bezirke *Kamegaoka, Aomori, Miyagi, Tohoku* und *Kanto* auf zahlreiche Statuetten aus Stein, Ton und Bronze. Die unterschiedlich großen Figürchen werden *Dogu* genannt. Man rechnet ihre Entstehungszeit der *Jomon*-Kultur etwa 600 v. Chr. zu. Früher wurden die Statuetten nur wenig beachtet. Man hielt sie für Abbilder alter Ritterrüstungen. Wer sich jedoch der Mühe unterzieht, eine solche Figur etwas genauer in Augenschein zu nehmen, wird auf Details stoßen, die den Betrachter zu völlig neuen Anschauungen führen dürfte.

Im März 1973 kam der „Österreichische Däniken" *Peter Krassa* in diese günstige Situation. Damals besuchte er den angesehenen russischen Physiker und Schriftsteller *Alexander Kasanzew* in dessen Moskauer Domizil. Stolz zeigte ihm der Russe zwei seiner Prunkstücke – Dogu-Statuetten aus Bronze, die Kasanzew von japanischen Freunden geschenkt worden waren. Wer diese seltsamen Figuren aufmerksam studiert, den verwundert es nicht, dass diverse Prähistoriker die Dogu-Statuetten völlig anders interpretierten als herkömmliche Archäologen. Denn tatsächlich: Diese bizarren Gestalten aus Japan erinnern auffallend an Wesen in Raumfahreranzügen.

Die Dogu-Statuetten Kasanzews sind etwa 60 cm groß, tragen eine undefinierbare Kopfbedeckung, in der man durchaus eine Art Raumfahrerhelm sehen könnte, und machen vor allem durch Gebilde in ihrem Gesicht aufmerksam, die sofort an voluminöse Schneebrillen mit schräg einstellbaren Linsen denken lassen. Anzug und Helm scheinen aus einem Stück gefertigt zu sein. Das Kleidungsstück selbst besitzt mehrere Ausbuchtungen, deren Funktion allerdings unklar bleibt. Der „Helm" wiederum scheint eingebaute Hör- und Atemgeräte zu besitzen. Dazu kommen eng anliegende Bänder; sie führen jeweils über beide Schultern der Statuetten und treffen sowohl bei Bauch und Gesäß der Dogu aufeinander. Auf diese Weise geben sie einer Art Hüftgurt den nötigen Halt. Dort, wo man die Hände vermuten würde, sind Behelfsmittel erkennbar, die durchaus wie „Greifer" anmuten – mechanische Werkzeuge, wie sie auch von den irdischen Mondfahrern während der Erkundung des Erdtrabanten oder bei der Reparatur der russischen Raumstation MIR verwendet worden sind.

Alexander Kasanzew versicherte seinem Wiener Gesprächspartner, dass er davon überzeugt sei, bei den lebendigen Vorbildern für diese Dogu-Figuren habe es sich um kosmische Ankömmlinge gehandelt, und der Russe teilt diese Ansicht mit dem japanischen Prähistoriker *Matsumura*. Dieser hatte gemeinsam mit dem Deutsch-Amerikaner *Kurt Zeissig* (einem Freund Kasanzews) eine Abbildung des japanischen Weisheitsgottes *Hitokotonushi* entdeckt und dabei herausgefunden, dass es sich bei dieser Gottheit keinesfalls um einen Japaner gehandelt haben könnte. Zu deutlich sprangen dem Betrachter die geradezu europäischen Gesichtszüge Hitokotonushi ins Auge. Andererseits glich die Kleidung des „Gottes" völlig jener der Dogu-Statuetten. Lediglich der Helm fehlte.

Matsumura und Zeissig stützen sich zusätzlich auf eine alte japanische Legende, die berichtet, Hitokotonushi sei einstmals auf die Erde herabgestiegen, um die Menschen Weisheit zu lehren. Zuvor aber habe sich der himmlische Besucher – in weiser Voraussicht – sämtliche Waffen der Erdenbürger aushändigen lassen.

Kurt Zeissig ging noch einen Schritt weiter: Er sandte genaue Unterlagen über die Dogu an die amerikanische Weltraumbehörde NASA nach Huntsville. Darin stützte sich der Forscher unter anderem auf die Aussage des japanischen Experten *Isao Washio,* der die Dogu-Rüstung folgendermaßen beschrieben hatte: „Die Handschuhe sind mit einem kugelförmig gerundeten Verschluss am Unterarm befestigt; die Augenovale können entweder geöffnet oder bis auf einen Schlitz geschlossen werden; zu beiden Seiten sind kleine Hebel sichtbar, mit denen man wahrscheinlich die Öffnungsweite einstellen konnte; die ‚Krone' auf dem Helm ist wahrscheinlich eine Antenne … die Zeichnungen auf den Anzügen sind keine Ornamente, sondern Vorrichtungen zur automatischen Druckregulierung."

Von der NASA wurden die Unterlagen des Forschers Zeissig sehr eingehend geprüft. Die Ergebnisse sind ermutigend. In einem Antwortbrief an den Freund Kasanzews wurde festgestellt: „Unsere Beobachter sind der Ansicht, dass die Hypothese über den Anzug, der auf den von Ihnen übersandten Dokumenten abgebildet ist, großes Interesse verdient. Derselbe Anzug wurde nun angefertigt (von der ‚Litten Industrie' in Los Angeles) und an die NASA-Generaldirektion für astronautische Ausrüstung

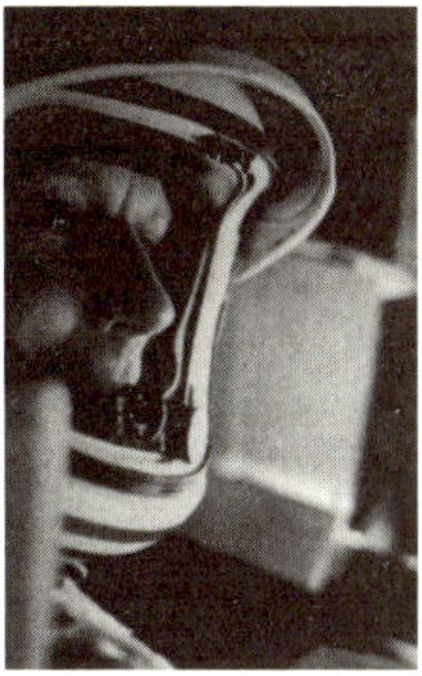

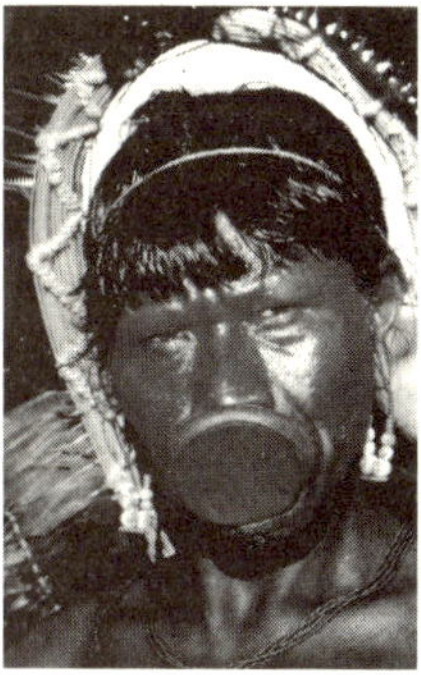

Überraschende Ähnlichkeit: moderner Astronaut; „Marsmännchen-Mode“ in Stein; Cargo-Kulte der Naturvölker. Zufälligkeit oder Erinnerung an Besucher aus dem All?

geschickt; er soll jetzt weiter perfektioniert werden. Wir teilen Ihnen ferner mit, dass die Verbindungsvorrichtungen, die Spezialfassungen der Augenlöcher, die Kunstgriffe für die Aufrechterhaltung des Drucks, also alles, was Sie uns aufgezählt haben und was auf den Fotografien angegeben ist, auf Anregung der oben erwähnten Direktion bei der steifen Ausführung des Astronautenanzuges berücksichtigt wurde.“

Erich von Däniken, um fantasievolle Überlegungen nie verlegen, weist auf eine bemerkenswerte Begebenheit hin, die sich etwa 600 v. Chr. – also zu jener Zeit, in der die Dogu im „Raumfahrer-Look“ entstanden sein sollen – ereignete: Damals nämlich soll *Jimmu Tenno,* der erste japanische Kaiser, sein Reich von den Himmelsgöttern erhalten haben. Immer noch, bis zum heutigen Tag, pocht die kaiserliche Familie in Japan auf ihre himmlische Abstammung. Abstammung von außerirdischen Wesen? Sind diese „Götter“ in Form und Nachbildung der Dogu-Statuetten erhalten geblieben?

Die Galerie der Götterköpfe, die einen modern anmutenden Stil zeigen, ist lang. Einige der ungewöhnlichsten Plastiken, die im Sinne der *PaläoSETI*-Forschung an vorgeschichtliche Raumfahrer erinnern, möchte ich nachfolgend als Beispiele anführen:

Der „Jaguargott“ aus Xochipala

Eine in ihrer Art einzigartige behelmte Figur stammt aus der Zeit zwischen 1150 und 100 v. Chr. und ist 17 cm hoch. Sie wurde aus rötlichem Sandstein angefertigt und soll einen olmekischen Priesterkönig darstellen. Helm, Halskrause und Gesichtszüge wirken jedoch fremdartig und technisch. Der Betrachter gewinnt den Eindruck, dass der vermeintliche „Priesterkönig“ Handschuhe tragen würde. Unklar ist bis heute, welche Bedeutung die Krallenfüße des Unbekannten haben. Sie werden mit einem geheimnisvollen „Jaguarkult“ in Verbindung gebracht. Die sonderbare Figur war vor etwa 30 Jahren öffentlich zu bestaunen – in einer Vitrine des *Metropolitan Museum of Art* in New York. Heute soll sie sich in Privatbesitz des Forscherehepaares Dr. und Mrs *Milton Arno Leof,* Mexiko City, befinden. Entdeckt wurde der „prähistorische Raumfahrer“ mit den deutlich mongoliden Gesichtszügen in *Xochipala,* Guerero, Mexiko. Seine wahre Herkunft ist unbekannt.

Die „Kosmonauten“ von Martinovka

Fremde Astronauten mit Schutzhelm? Die merkwürdig aussehenden, 7,8 cm großen Figuren aus vergoldetem Silber gehören zum Schatzfund der ukrainischen Stadt *Martinovka.* Sie werden dort im Historischen Schmuckmuseum aufbewahrt und stammen aus dem 6. Jahrhundert n. Chr. Wen sollten diese Wesen einst darstellen?

Unbekannte „Götterfiguren“ aus Ur

In den Gräberfeldern *Eridu* und *Ur* (heute Tell el-Mugejjir) 150 km westlich von Basra entdeckte man in den 20er Jahren bizarre „Idolfiguren“ mit insektenartigen Köpfen. Sie bestehen aus gebranntem Ton, sind 14 cm hoch und zwischen 5500 und 6000 Jahre alt. Aufbewahrt werden sie heute im *Irakischen Museum* von Bagdad. Die Figuren sind mit aufgesetzten Lehmplättchen verziert, deren Sinn nicht klar ist. Die Köpfe zeigen Spuren von roter Farbe. Wen sollten diese Götterwesen einst darstellen? Sie erinnern auffällig an fremde Wesen, die bei angeblichen UFO-Kontakten der Gegenwart beschrieben werden. Gibt es Zusammenhänge zwischen gestern und heute?

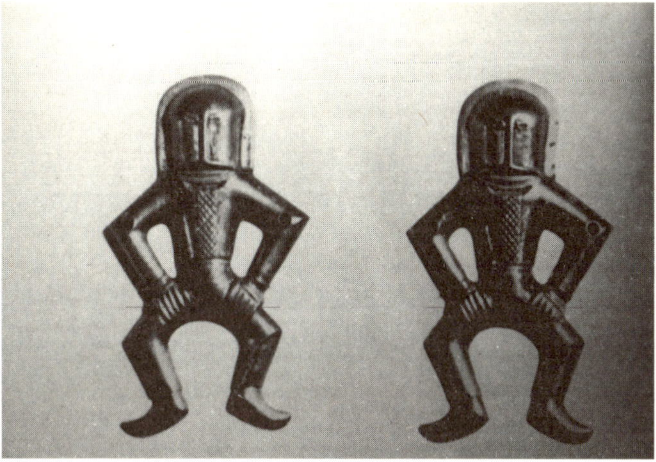

Diese vergoldeten Figuren aus der Urkraine erinnern an Astronauten mit Schutzhelmen. Wen stellen sie wirklich dar?

Kriegsgott „F" – der Maya-Terminator

Gott „F" mit typischem Charakteristikum: Das Auge ist umschlossen, ein schlauchartiges Gewinde führt über die Wange zum Mund. Attribute, die an ein modernes audiovisuelles Kommunikationsgerät denken lassen. Offenbar gab es mehrere Götter „F", die alle gleich aussahen und als die Herrscher der Tempelstadt von Kabáh galten. Sieben solche gleichartigen Statuen wurden bisher südöstlich von *Uxmal* in Yucatan ausgegraben. Zwei hat man wieder an ihrem ursprünglichen Platz an der Tempelfassade Codz Poop („aufgerollte Matte") befestigt. Erste Forschungen haben sie mit dem lokalen Herrscher *„Kin-ich-ashau"* in Verbindung gebracht. Dabei bedeuten die Maya-Wörter *kin* Sonne, *ich* Auge und *ahau* Macht. Über die Geschichte der Stadt weiß man wenig. Auffällig ist die roboterhafte Statur der Skulpturen vom Typ „F" mit senkrecht abgewinkelten Armen, runden Gravuren bei den Armgelenken, die an drehbare Windungen erinnern, sowie glatt polierten Handflächen mit unnatürlich herausragenden Fingerspitzen. Menschenähnliche Kampfmaschinen, wie man sie sonst nur aus Sciencefiction-Filmen à la „Terminator" kennt.

Die Sternengötter von Chichen Itzá

Die Maya-Ruinenstätte *Chichen Itzá* auf der Halbinsel Yucatan in Mexiko ist weltberühmt. Hier liegen die Reste eines beeindruckenden Observatoriums. Hochmodern in Form, erhebt es sich als Rundbau, in dessen Innerem eine Wendeltreppe nach oben führt. Fensteröffnungen und Nischen sind exakt nach den Sternen ausgerichtet. An den Wänden sind Göttergestalten abgebildet und auf der ganzen Anlage Skulpturen, teils mit Flügeln und mit geschlossenen Helmen. Die Motive reichen in ihren Ursprüngen in sehr frühe Zeit zurück, mindestens in die Teotihuacan-Kultur. Hinweise auf die „Götter", die einst von den Sternen kamen?

Die „kosmischen" Idole aus Amber von Cernjahowsk

Überaus seltsame Stilisierungen sind vor allem aus der Neuen Welt ans Tageslicht gekommen. Solche Artefakte wurden ebenso in Europa gemacht. Drei Idole aus Amber von *Cernjahowsk* (Ostpreußen) als Beispiel; eines davon gleicht aufs Haar den Statuetten aus der archaischen Zeit Ecuadors, während ein weiteres einen unförmigen Raumfahreranzug anzuhaben scheint, der den Anzügen gleicht, die man am Anfang des „Raumfahrtzeitalters" für unsere Astronauten entworfen hat.

Steinerne Porträts unbekannter Rassen

Enthalten alte Mythen und plastische Darstellungen fantastische Erinnerungen an längst vergessene oder untergegangene Hochkulturen? Aus einem unterirdischen Höhlensystem in Ecuador wurden steinerne Köpfe geborgen. Sie passen nicht in das übliche Schema bekannter Steinskulpturen und erinnern durch ihren modern wirkenden helmartigen Aufsatz an einen Düsenjet-Piloten oder einen Astronauten. Diese und andere prähistorischen Statuetten mit fremdartigen Gesichtszügen und „technischem Beiwerk" werden in einem Museum der Universität von *Quito* in Ecuador aufbewahrt.

Vor Ort in Quito wurde ich bei meiner Museumstour durch Südamerika selbst fündig. Hinter einer Museumsvitrine entdeckte ich „meinen kleinen Liebling". Fotografieren war nur deshalb möglich, weil die Räumlichkeiten im Umbau begriffen waren und der Direktor außer Haus war. Da blickte er mich stumm an: ein prähistorischer Steinkopf mit geschlossenem Helm, aufgefunden in einer Höhle in Ecuador und nur wenige Zentimeter groß. Ich nenne ihn liebevoll „Perry". Aus gutem Grund. Insider wissen es: Ich bin nicht nur schreibend seit vielen Jahren der Däniken-Thematik verfallen, sondern ebenso Mitillustrator der beliebten Weltraumromanreihe *„Perry Rhodan"*. Und wer den „Perry Rhodan Report" liest, der kennt seit bald 20 Jahren auch meinen außerirdischen Comichelden „Rüsselmops".

In dem Augenblick, als ich diesen kleinen Astrokopf erblickte, war ich wirklich verdutzt. Der Schädel ist jenem von *Clark Darlton* und *Karl-Herbert Scheer* im Jahre 1961 so genial erdachten Sciencefiction-Romanhelden wie aus dem Gesicht geschnitten. Ein Zufall? Durchaus möglich. Vielleicht haben wir es hier bloß mit einem steinalten „Motorradfahrer" zu tun oder einem vorsintflutlichen „Taucher". Kurios ist das Steinköpfchen in jedem Fall. Und die Frage stellt sich hier genauso wie bei all den anderen Figuren mit ähnlicher Charakteristik: Welche realen Vorbilder gab es für diese und weitere Bildhauerwerke? Hatten die antiken Hersteller tatsächlich solche fremden Wesen vor Augen gehabt?

Das Raumschiff-Relief von Palenque

Wenn wir von in Stein gehauenen „Astronautengöttern" sprechen, dann ist die *Grabplatte von Palenque* wohl das bekannteste Indiz für den einstigen Besuch außerirdischer Raumfahrer.

Es war im Oktober 1966, als die Turiner Zeitschrift *Clypeus* auf ihrer Titelseite erstmals eine gezeichnete Nachbildung des Maya-Sarkophages von *Palenque* veröffentlichte. Diese einzigartige Reliefdarstellung war nach ihrer Entdeckung durch den mexikanischen Archäologen *Alberto Ruz Lhuillier* am 15. Juli

1953 vor allem durch die vom wissenschaftlichen Standpunkt abweichende kühne Interpretation von *Erich von Däniken* weltberühmt geworden. Aber, wie gesagt, schon 1966, zwei Jahre bevor Dänikens erstes Buch existierte, machte man sich bei Clypeus über Sinn und Bedeutung des Maya-Reliefs seine Gedanken. „Wenn ein Volk eine unzerstörbare Botschaft hinterlassen will, die der Zeit standzuhalten vermag, dann vertraut es diese dem Stein an – dem einzigen Material, das es mit der Ewigkeit aufnehmen kann", kommentierten die beiden französischen Mitarbeiter der Zeitschrift, *G. Tarade* und *A. Millou,* die Palenque-Darstellung, um daraus zu folgern: „Genau das haben in unserem Fall die Wissenschaftler der Maya getan. Die dargestellte Person trägt einen Helm und schaut in Richtung des Schiffbugs; ihre Hände scheinen einen Hebel zu betätigen; der Kopf liegt auf einer Stütze. Der Vogel auf dem Bug ist ein Papagei – das Sonnensymbol der Maya! Ebenfalls dort befinden sich drei Energiespeicher; andere sieht man in Dreiergruppen rund um das Fahrzeug angeordnet. Der Motor besteht aus vier Teilen; der Antrieb liegt hinter dem Piloten ... im rückwärtigen Teil ist ganz deutlich der Feuerstrahl zu erkennen."

Trotz dieser provokanten Deutung der beiden französischen Journalisten im *Clypeus* – einem von einer Gruppe ernsthaft an Exobiologie und Weltraumphänomenen interessierter Leute herausgegebenen Magazin – blieb das Echo der Wissenschaft aus. Erst als Dänikens *„Erinnerungen an die Zukunft"* dieses Thema 1968 erneut aktualisierten, wurde man auch an den Universitäts-Lehrkanzeln aufmerksam. Es war ja auch wirklich zu unverträglich, wie dieser Schweizer „Sonntagsforscher" (wie sich EvD selbstironisch tituliert) das Maya-Relief zu interpretieren wagte: „Da sitzt ein menschliches Wesen, mit dem Oberkörper vorgeneigt, in Rennfahrerpose vor uns; sein Fahrzeug wird heute jedes Kind als Rakete identifizieren. Das Vehikel ist vorn spitz, geht über in merkwürdig gerillte Ausbuchtungen, die Ansauglöchern gleichen, wird dann breiter und endet am Rumpf in einer züngelnden Feuerflamme. Das Wesen selbst, nach vorne geneigt, bedient mit den Händen eine Reihe undefinierbarer Kontrollgeräte und setzt die Ferse des linken Fußes auf eine Art von Pedal ...

Unser so deutlich dargestellter Raumfahrer ist nicht nur durch seine Pose in Aktion – dicht vor seinem Gesicht hängt ein Gerät, das er starrend und aufmerksam beobachtet ..."

Die Maya-Forschung, durch Dänikens weltweiten Bucherfolg aufgescheucht, war aus dem Häuschen. Natürlich lehnte sie dessen „kosmische" Deutung der Sarkophag-Darstellung entrüstet ab und verwies auf den eigentlichen Entdecker des Palenque-Grabmals, *Alberto Ruz Lhuillier,* der am 20. Mai 1949 den mit Steinen verbarrikadierten Einstieg in das Königsgrab – im so genannten „Tempel der Inschriften" auf der Halbinsel *Yucatan,* Mexiko – aufgespürt hatte. Es dauerte volle vier Jahre, ehe der mexikanische Archäologe schließlich den Stufengang, tief unter dem Maya-Tempel, freizulegen vermochte. Erst dann, ab jenem erwähnten 15. Juli 1953, stand der Wissenschaftler staunend vor dem steinernen Monolithen im Inneren einer konisch geformten Grabkammer, die offensichtlich noch vor dem Bau des darüber befindlichen Maya-Tempels angelegt worden war.

Dieser steinerne Sarkophag, der den Boden der Kammer vollständig ausfüllt, misst in seiner Länge 3,80 Meter und ist 2,20 Meter breit. Das Relief auf der ebenfalls steinernen Sarkophagplatte ist meisterlich gearbeitet und ohne Fehl und Tadel. Rings um die rechteckige Darstellung rahmen sich zahlreiche Mayaglyphen, von denen erst ein Bruchteil (und auch das ohne Gewähr auf ihre gültige Interpretation) entschlüsselt werden konnte.

Albert Ruz war weit davon entfernt, das Motiv auf dem Steinrelief ähnlich zu deuten wie Däniken, Tarade oder Millou. Er wollte es lediglich *symbolisch* verstanden wissen: Ruz glaubte in der Darstellung einen Maya-Priester zu erkennen, der „sinnend zu den Sternen blickt". Es hat aber im Laufe der Jahre seit 1953 auch noch eine ganze Palette anderer offizieller Archäologendeutungen gegeben. Eine einhellige Interpretation des Ruz-Fundes gibt es bis heute nicht.

So wurde behauptet, in Wahrheit sei in der eingravierten Figur kein Priester, sondern ein Maya auf dem Opferaltar zu erkennen, und in der renommierten wissenschaftlichen Zeitschrift *National Geographic* las man eine erstaunliche Deutung des Palenque-

Reliefs, wonach das dargestellte Wesen auf dem Sarkophagdeckel möglicherweise gar kein Maya, gewiss aber kein Mann, auch kein Priester, sondern ein Mädchen gewesen sei, das im Begriff stünde, in den „imaginären Rachen eines symbolischen Ungeheuers" zu fallen.

Es lässt sich nicht mehr in Erfahrung bringen, wie sich Alberto Ruz zu dieser Interpretation gestellt hat, auch wenn es klar ist, dass er den fantastischen Deutungsversuchen eher reserviert gegenüberstand. In einem Briefwechsel mit dem russischen Physiker und Schriftsteller *Alexander Kasanzew* (der den Mexikaner gebeten hatte, ihm alles mitzuteilen, was über dessen Entdeckung im „Tempel der Inschriften" überhaupt zu sagen wäre), gab Alberto Ruz zu verstehen, er selber habe keinerlei Schlussfolgerungen daraus zu ziehen vermocht, dass es sich bei dem Relief auf der Sarkophagplatte tatsächlich um eine *Rakete* mit Kosmonauten gehandelt haben könnte. Ruz hat sich vielmehr der orthodox-archäologischen Ansicht angeschlossen, die besagt, die Vorderansicht der „Rakete" sei in Wahrheit als *„Lebensbaum der Maya"* zu betrachten, während die weiter hinten sitzende Gestalt einen Maya darstellen soll, *„der über die Unsterblichkeit nachdenkt"*.

Deutungsversuche gibt es viele. Man kann sie akzeptieren oder auch nicht. „Ob es nicht doch ‚mein' Astronaut in einer Raumkapsel ist?", konnte sich Erich von Däniken eine anzügliche Frage in seinem Buch *„Beweise"* nicht verkneifen. In der Tat fällt es einem technisch etwas bewanderten, modern denkenden Betrachter einigermaßen schwer, der Fülle unverstandener Symbolismen der Mayaforschung zu folgen. Wie immer man nämlich zu Däniken und seinen Astronautengöttern und Autoren ähnlicher Richtung stehen mag: Die Darstellung auf dem Steinrelief des Palenque-Sarkophages scheint weit eher eine *technische* Interpretation zuzulassen. Erinnerungen an die Zukunft? Waren die Götter Astronauten? Fremde Raumfahrer, Besucher von anderen Planeten? Kommen sie wieder? Sind die UFOs vielleicht Vorboten einer Entwicklung, die zu der Erkenntnis führt – wir sind nicht allein im Universum?

IV. Kosmische Kontakte

„Untersucht man die Hypothese der PaläoSETI-Forschung mit einer unvoreingenommenen Haltung, erkennt man bald, dass nichts in dieser Hypothese selbst den strengsten Regeln der Wissenschaft oder unserem Verständnis des Universums entgegensteht."

Prof Dr. Luis Navia, Lehrstuhlinhaber am New York Institute of Technology, New York, USA

Mit dem Hundsstern Sirius verbunden

„Immer, wenn eine ‚primitive' Kultur mit einer höheren, technisierten Kultur in Berührung kommt, besteht die Wahrscheinlichkeit, dass die Vertreter dieser fortgeschrittenen Zivilisation dank ihrer unverständlichen Möglichkeiten (Fliegen in vogelähnlichen Geräten, Sprechfunk etc.) als Götter verehrt werden: ein Phänomen, das in der Gegenwart beobachtet wird und, da historische Belege vorliegen, auch in ferner Vergangenheit gegolten haben muss – z. B., wenn die in den Mythologien überlieferten Götter Astronauten waren." So beschreibt der Schweizer Computerfachmann und Autor *Ulrich Dopatka* das Mysterium der *Cargo-Kulte.*

Zu Verwechslungen zwischen Menschen und „Göttern" kann es auch heutzutage noch kommen. *Prinz Philipp,* der Gatte der Queen, wurde 1980 von den Bewohnern der Insel Tanna in der Südsee als göttliches Wesen verehrt und der größte Wunsch der Buschmänner vom Stamm der *Iounhanas* war, er möge doch künftig immer bei ihnen leben. Damit „Gott Philipp" jederzeit vom Himmel steigen kann, hatten die Leute eine Flugzeuglandepiste in den Busch gehackt. Außerdem, so wird erzählt, würden ständig drei Jungfrauen für den britischen „Gott" bereitstehen.

Cargo-Kulte liefern die erstaunlichsten Indizien für die These außerirdischer Einflussnahme. Wir sprechen hier von einer *lebendigen Mythologie,* denn jene Naturvölker, die behaupten, ihr

Wissen von den Sternen erhalten zu haben, und diese Erinnerung an ihre Götter in Zeremonien und Maskentänzen von Generation zu Generation mündlich überlieferten, leben noch heute mitten unter uns.

Das westafrikanische Volk der *Dogon* im Staate Mali ist dafür eines der bemerkenswertesten Beispiele. Der Sternenhimmel scheint für diesen Eingeborenenstamm keine Geheimnisse mehr zu bergen. Er stellte den *Sirius*-Mythos in den Mittelpunkt seiner Religion. Sein erstaunliches Wissen, so behauptet dieses Volk, sei ihm bereits vor Urzeiten von himmlischen Besuchern, die *Nommos* genannt werden, vermittelt worden. Ursprünglich waren die Dogon aus dem ägyptisch-sudanesischen Kulturkreis ausgewandert. Irgendwann zwischen dem 13. und 16. Jahrhundert siedelten sie sich auf dem Bandiagara-Plateau an, wo sie heute noch leben und uns ungelöste Rätsel aufgeben.

Rund 8,6 Lichtjahre (1 Lichtjahr sind 9,6 Billionen Kilometer) zieht der Fixstern *Sirius* seine Bahn durch das Universum. Die Dogon sagen nun, sie seien von fremden Wesen aus diesem Sternensystem besucht worden. Untermauert wird diese Behauptung mit astronomischen Detailkenntnissen, wie sie für einen solch „primitiven" und eher isoliert lebenden Stamm absolut unerklärlich erscheinen. So wissen die Dogon beispielsweise, dass Sirius, der hellste Stern am Himmel, einen Begleitstern hat. Dieser „Partner" sei – so behauptet die Überlieferung – von geringer Größe, hätte eine sehr hohe Dichte, sei extrem schwer und würde alle 50 Jahre in einer elliptischen Umlaufbahn um das Zentralgestirn kreisen.

Tatsächlich entsprechen diese Angaben den heutigen Erkenntnissen der Astronomie. Und das, obgleich Sirius B, wie dieser Begleitstern in der modernen Astronomie genannt wird, mit bloßem Auge nicht zu erkennen ist. Seine Existenz war bis Mitte des 19. Jahrhunderts den Astronomen nicht einmal bekannt. Erst in den 20er Jahren konnte Sirius B erstmals detaillierter beschrieben und 1970 dann auch zum ersten Mal fotografiert werden. Um dieses seltsame astronomische Phänomen kreist seit langem die Mythologie der Dogon. Der Stern ist Teil ihrer geheimsten Riten. Er wird in Sandzeichnungen dargestellt; in Sa-

Die Priester der westafrikanischen Dogon-Stämme verfügen über detaillierte Kenntnisse des Universums.

kralbauten finden sich Bilder, ebenso wie in Schnitzereien und Webmustern, die mit ziemlicher Sicherheit Hunderte, wenn nicht gar Tausende Jahre alt sind. Französische Völkerkundler, die in den 30er Jahren den Stamm der Dogon aufgesucht hatten, waren erstaunt über das immense astronomische Wissen des Stammes. Die Priester der Dogon wissen außerdem von einem dritten Stern, *Sirius C,* dessen Existenz bis heute allerdings weder rechnerisch noch optisch nachgewiesen werden konnte.

Wissenschaftliche Abhandlungen und Untersuchungen der Sirius-Mythe lassen keinen Zweifel daran, dass die Glaubenslehre der Dogon tatsächlich auf überraschend präzisen astronomischen Kenntnissen beruht. Ein Forscher, der sich eingehender damit beschäftigt hat, ist der amerikanische Orientalist *Robert K. Temple*. Ihn interessierten zwei Fragen: Ist das astronomische Wissen der Dogon eindeutig nachgewiesen? Und wenn ja, woher hatten sie ihre Kenntnisse?

Ein intensives Studium des Quellenmaterials und Gespräche mit Dogon-Priestern sowie fachkundigen Anthropologen überzeugten Temple, dass die Dogon tatsächlich im Besitz uralter überlieferter Weisheiten sind, die nicht nur Sirius B, sondern generell das Sonnensystem betreffen. Woher aber hatten die Dogon ihr astronomisches Wissen?

Für ihre Priester besteht kein Zweifel: Sie glauben daran, dass in grauer Vorzeit *amphibische* Wesen von einem Planeten des Sirius-Systems auf der Erde gelandet sind und Eingeweihten diese Informationen übermittelten. Informationen, die bis heute von Generation zu Generation überliefert worden sind. Da erfährt man beispielsweise folgende Episode: *Nome,* der erste Jäger des Dogon-Stammes, richtet seinen Blick hoch zum Himmel und sagt zu seinem jungen Begleiter *Onam*: „Der große Gott weiß um die Dogons, so wie die Dogons um den großen Gott wissen."

„Wer ist der große Gott?", fragt Onam wissbegierig.

„Der große Gott sprach vor langer Zeit mit den Dogon, die mehr wissen als der weiße Mann."

„Was wissen die Dogon, großer Jäger?"

„Dort oben, wo der Himmel unendlich ist und schwarz, gibt es eine Welt mit Menschwesen, die Freunde der Dogon sind. Sie kamen einst in einem gewaltigen, Feuer speienden Haus, lehrten unsere Vorfahren mit Feuer umzugehen und halfen bei der Herstellung von Jagdgeräten und Fallen."

Die Dogon nennen die fremden Fischmenschen Nommos und verehren sie als „Wächter des Universums und Väter der Menschheit". Neben einem Kopf mit Antennen-Fühlern haben sie einen Fischleib und zeigen damit frappante Ähnlichkeit mit göttlichen Kulturbringern anderer Legenden. Amphibische „Götter", die der Legende nach ebenfalls als Lehrmeister vom Himmel gestiegen waren, kennt man vor allem aus der sumerischen Mythologie des Nahen Ostens. Dort heißen sie *Oannes.* Auch *Isis,* die ägyptische Göttin der Zauberkraft und Verkörperung des Hundssterns Sirius, wurde gelegentlich, wenn auch vielleicht nur mehr als symbolhafte Erinnerung, mit einem *Fischschwanz* am Hinterkopf dargestellt.

Im Laufe der Jahrhunderte könnte eine Vermischung mit anderen Glaubensvorstellungen stattgefunden haben. Zwei deutsche Forscherehepaare, *Anke* und *Horst Dunkel* aus Braunschweig sowie *Claudia* und *Peter Fiebag* aus Northeim, flogen im April 1997 nach Mali, besuchten die Dogon-Stämme und nahmen an rituellen Zeremonien und Maskentänzen teil. Von einem Priester erfuhren sie, dass bei den Dogon heute der Glaube verankert sei, *vampirähnliche* Wesen würden im Wasser des Niger leben. Menschen und Tiere sollen auf rätselhafte Weise in die Fluten hineingezogen worden sein. Blut saugende Kreaturen hätten sie dann gebissen und schließlich ihren Tod verursacht. Die Dogon bringen diese Seltsamkeiten mit dem Allgott *Amma* in Verbindung, der ihren Mythen zufolge die Nommos zur Erde gesandt hatte. Der Forschungsreisende Horst Dunkel neigt eher zu der Auffassung, dass man die nun bekannt gewordenen Vampirgeschichten losgelöst von den eigentlich astronomischen Kenntnissen der Dogon betrachten sollte.

Das Wissen über himmlische Besucher kommt bei den Dogon in vielfältiger Weise zum Ausdruck: auf Wänden, Türen und dekorierten Schreinen ihrer Sakralbauten, die mit astronomischen Zeichen versehen sind; durch Darstellungen einer mythischen Schlange, die die Dogon in ihre heutige Heimat geführt haben soll; ebenso durch Höhlen- und Felsmalereien, die ihre Mythologie über amphibische Wesen und den Schöpfergott Amma beschreiben; oder durch Holzschnitzarbeiten von Nommo-Darstellungen, Götter- und Geisterfiguren, die bei zahlreichen Stammesritualen eine zentrale Rolle spielen; bei heiligen Stätten, wo Priester das Orakel des Wüstenfuchses ausüben, wobei dieses Tier in unmittelbarer Verbindung zur höchsten Dogon-Gottheit Amma steht; Sandzeichnungen von Symbolen des Siriussystems; und vor allem bei rituellen Festen, Zeremonien und rhythmischen Maskentänzen, die den Lauf der Gestirne wiedergeben und zu Ehren der höheren Wesen aus dem Bereich des Hundssterns Sirius abgehalten werden.

Die Dunkels und die Fiebags haben die heiligen Opferstätten besucht und konnten den Dogon-Ritualen beiwohnen. Die Eindrücke der abenteuerlichen Reise fasst Horst Dunkel wie folgt zusammen: „Es besteht für mich und meine Freunde kein Zweifel, dass die Dogon ein fundiertes Wissen über das Siriussystem besitzen. Wir haben den Schmied eines Dogon-Stammes dazu bewegen können, uns das Siriussystem seinem Glauben gemäß aus Schmiedeeisen anzufertigen. Er hat ein Zeichen hergestellt, das bei bestimmten Zeremonien zur Anwendung kommt und aus einer Senkrechten mit einer verdickten Ausbuchtung besteht, das den Sirius symbolisieren soll. Unten ist diese Linie weit nach links hin abgeknickt, womit die Dogon den so genannten ‚*Schuhmachersterns*‘ und seine Bahn um den Sirius darstellen. Oben auf der Senkrechten sitzt ein hackenähnliches Halboval, dessen beide Seiten weit herabhängen. Der Schnittpunkt des Ovals mit der Linie zeigt Sirius B, den die Dogon *Digitaria* nennen und dessen Bahn der rechte Arm aufzeigt. Der linke Arm steht für den Stern *Emme Ya*. Der untere Teil der Senkrechten ist länger als der obere. Damit wollen die Dogon zum Ausdruck bringen, dass der ‚Schuhmacherstern‘ weiter vom Zentralgestirn entfernt ist als die anderen Sterne und sich außerdem in entgegengesetzter Richtung bewegt. Die wiedergegebenen Daten stimmen mit modernen astronomischen Kenntnissen überein.“

Kultgegenstände wie diese werden gelegentlich noch angefertigt. Beweise für den Besuch aus dem All? „Die Dogon“, so stellt Horst Dunkel abschließend klar, „sprechen nicht unbedingt von Außerirdischen, sie beziehen ihre geheimsten Riten und Kenntnisse auf *übernatürliche* Wesen.“

Wie immer man die Dogon-Mysterien nun auslegen mag, ihrer Faszination kann sich kaum jemand entziehen. Wohl deshalb, weil wir es hier eben mit einer lebendigen Mythologie zu tun haben. Die seltsamen Rituale sind überprüfbar und werden heute noch genauso vollzogen wie vor vielen Generationen. Übrigens: Die Nommos versprachen den Dogon, eines Tages wiederzukehren. Leben sie noch heute im Siriussystem? Sind sie bereits wieder auf Kurs zur Mutter Erde? Astronomen und Astrophysikern ist es bislang nicht gelungen, die Rätsel dieses westafrikanischen Naturvolkes zu lösen.

Mayual und der „Kuhstall Gottes“

In Afrika gibt es noch andere ungewöhnliche Hinweise, die an Eingriffe kosmischer Lehrmeister denken lassen. Eine Spur, die meines Wissens selbst im Umfeld von Erich von Däniken und Gefolgschaft noch nicht näher behandelt worden ist, führt zu den wenig erforschten Zeremonien der rund 20 *Dinka*-Stämme, die in der weiten, offenen Savanne des südlichen *Sudan* beheimatet sind, dem größten Sumpfgebiet der Welt.

Im Leben der im Körperbau auffallend groß gewachsenen Dinka (sie gelten als die größten Menschen der Erde) hat das *Rind,* das sie seit Urzeiten als Mittler zwischen Menschen, Geistern und ihrem Schöpfergott verehren, eine zentrale Stellung. Erstaunlicherweise geht diese Verehrung so weit, dass sie fast das gesamte Denken und damit auch die Sprache der Dinka beherrscht – zuzüglich Vorstellungen und Methoden, auf diese Weise die Welt zu erfahren und zu beschreiben.

Dies alles übertrifft den praktischen Nutzen der Rinderhaltung bei weitem. Es muss also eine besondere Bewandtnis mit diesen Tieren haben. Tatsächlich liegt an einem einsamen und unheimlichen Ort, einige Kilometer außerhalb ihres Stammesgebietes, das wichtigste Heiligtum der Dinka, der so genannte *„Kuhstall Gottes"*. Mit einer Tierunterkunft hat diese runde Hütte mit einem Durchmesser von zwölf Metern (für Dinka-Maßstäbe ein großes Gebäude) aber nichts zu tun. Dem englischen Autor *John Ryle* wurde 1976 während einer Sudanreise die Ehre zuteil, das Dinka-Heiligtum zu betreten. In seinem beeindruckenden Bildband *„Krieger des Weißen Nils"* beschreibt er sein Erstaunen, als die Wächterinnen die Türen der Kultstätte öffneten: „Wir bemerkten", schreibt Ryle verwundert, „dass das Gebäude völlig leer war, mit Ausnahme einer heiligen Trommel und eines Fischspeers, den Dinka-Symbolen der geistigen Autorität, deren religiöse Bedeutung aber in grauer Vorzeit verloren ging."

Welches Geheimnis sich hinter dem Begriff *„Fischspeer"* verbirgt, bleibt rätselhaft, zwar sind die Dinka auch Fischer, eigentlich aber handelt es sich um ein Hirtenvolk, das vor allem von der Viehzucht lebt. Genauere Studien könnten vielleicht klären, ob es Verbindungen zur *Dogon*-Mythe bzw. der *Oannes*-Legende gibt. Diese Überlieferungen berichten bekanntlich von fremden Fischmenschen, die einst mit himmlischen Barken zur Erde kamen.

Die Dinka selbst sehen sich als *direkte* Nachfahren ihres Stammvaters *Mayual*. Dieser sei vor vielen Generationen mit einem Haus vom Himmel zur Erde herabgestiegen. Mayual nahm sich ein Dinka-Mädchen zur Frau und sie empfing ein Kind. Doch bevor das Kind geboren wurde, sei Mayual *wie* eine göttliche Schlange mit Feuer und Rauch zum Himmel zurückgekehrt und zum Regenbogen geworden. Sein Sohn *Cikom* wurde schließlich Häuptling eines Lagers und beschloss, zu Ehren des himmlischen Gottes, seines Vaters, ein Heiligtum zu errichten.

Dies geschah genau an der Stelle, an der Mayual zu den Sternen zurückgekehrt war. Dieser Ort, den man vielleicht als Startplatz eines außerirdischen Raumschiffes auffassen könnte, ist identisch mit dem zuvor erwähnten „Kuhstall Gottes". Es lässt sich nicht mehr mit Bestimmtheit lokalisieren, ob der Platz auch heute noch mit dem ursprünglichen allerersten Erscheinen des Gottes identisch ist. Faktum ist aber, dass der Ort gegenwärtig ebenso verehrt wird wie vor Hunderten von Jahren. Die Stammesführer, Nachfahren des göttlichen Mayual, nennen sich seither „Häuptlinge des Fischspeers".

Die Dinka-Legende, und das ist ein weiterer erstaunlicher Aspekt, deckt sich mit vielen Überlieferungen völlig anderer Kulturkreise. So heißt es beispielsweise fast gleichlautend vom polynesischen Gott *Oro,* dieser sei auf einem Regenbogen nach *Borabora* herniedergefahren, um ein Erdenmädchen zur Frau zu nehmen.

Zum Gedenken an den Besuch von „oben" feiern die Dinka einmal im Jahr zweitägige Opferzeremonien im unmittelbaren Bereich des „Kuhstalls Gottes". Dabei wird ein *Stier* rituell getötet und in eine bestimmte Himmelsrichtung gelegt. Durch Bittgesänge an die „Geister" dient das Stieropfer gewissermaßen als Vermittler zu Gott Mayual. Bei diesen Feierlichkeiten kommt es immer wieder vor, dass Teilnehmer in Trance fallen und zu Boden stürzen; ihre Augen verdrehen sich, Arme und Beine zucken unkontrolliert, sie murmeln wirr vor sich hin. Wenn jemand in eine solche Trance fällt, so ist er nach Auffassung der Dinka „vom Schöpfer besessen" oder steht in unmittelbarem „Kontakt mit überirdischen Wesen". Seine normale Identität taucht ins

Unterbewusstsein und in seinem Körper werden die „Geister" seiner Ahnen wach. Bestimmte dabei sich ereignende auffällige Begebenheiten werden von den Dinka, ebenso wie von anderen Naturvölkern, allgemein als göttliche Offenbarung ausgelegt.

Es kann wohl kein Zufall sein, dass wir hier mit einem noch lebenden Volksstamm konfrontiert werden, der seinen Ursprung in den Sternen sieht, ganz ähnlich den westafrikanischen *Dogon,* den *Hopi*-Indianern im westlichen Nordamerika oder den brasilianischen *Kajapo*-Stämmen. Dass diese Überzeugung in Form von lebendiger Mythologie bis heute aufrechterhalten, der Start- und Landeplatz der „Gottes"-Erscheinung präzise genannt und durch bestimmte Kulte über viele Generationen in Erinnerung geblieben ist, sollte Historikern eigentlich zu denken geben.

Mein Vorschlag an diese Experten: verschiedenste Stammeskulte und Überlieferungen aus aller Welt genauer unter die Lupe zu nehmen, miteinander zu vergleichen und *mythologisch* sowie *technologisch* zu analysieren, um daraus Gemeinsamkeiten aufzeigen zu können. Das Ergebnis dürfte dann einige Überraschungen ergeben: Stier-Kulte etwa finden sich bei vielen Völkern der Erde wieder. Ihr Zweck ist oft mehrdeutig. Nicht immer haben Tieropfer auch wirklich etwas mit Fruchtbarkeitsriten zu tun. Mit dem „Himmelsstier" der alten Ägypter beispielsweise ist den Pyramidentexten zufolge keineswegs ein Rind, sondern vielmehr *ein Flugapparat* „Götter" gemeint, was durchaus an die Vorstellung vom fliegenden „Benben-Stein" und an die Legende des Phönix, dem mythischen Vogel des Lichts, anzuknüpfen vermag.

Religiöse Kunst oder erlebte Wirklichkeit?

Das zuvor genannte Beispiel aus dem Bereich der Dinka-Völker veranschaulicht deutlich den *übernatürlichen* Charakter der Orakelkulte und Maskentänze. Die überwiegende Mehrheit der in alten Texten beschriebenen Praktiken und Verehrungen „heiliger Gegenstände" sowie heute noch bestehender Riten und Zeremonien sind nach wie vor in ihrem Ursprung weitgehend unerforscht. Fachgelehrte suchen zwar nach Lösungen, begnügen sich aber leider oft allein mit Symbolik. Sie sprechen von „Götterverehrungen", die lediglich aus irgendwelchen *Naturmythen* entstanden seien, verweisen auf „Ahnenkulte" und „Geistwesen", ohne dass sie deren eigentliche Ursache und Bedeutung plausibel zu erklären vermögen.

Der gleichen Problematik begegnen wir bei vielen Motiven steinzeitlicher Höhlenmalereien. Erst kürzlich wurde im Dschungel Brasiliens eine mindestens 12.000 Jahre alte Kultur entdeckt, die alle bisherigen Theorien über die Besiedlung des amerikanischen Kontinents auf den Kopf stellen. Woher stammen dessen Ureinwohner? Bisher las man in den Geschichtsbüchern, dass die ersten Menschen von Asien kommend in Alaska eingewandert seien und dann nach und nach – über Jahrtausende – den ganzen Kontinent besiedelt hätten. Die hoch entwickelten Amazonas-Indianer passen jedoch nicht in dieses Bild. Sie waren *Zeitgenossen* und nicht Nachfahren der Mammuts jagenden Vorzeit-Menschen. Welche Kultur kam als erste nach Amerika? Felsbilder mit Kopf stehenden schwebenden Figuren und strahlenförmigen Schädeln gleichen den 40.000 Jahre alten Bildwerken der australischen Aborigines. Was stellen sie dar? Haben sie gemeinsame Wurzeln?

Reisten lange vor Kolumbus und den Wikingern Indianer aus Süd- und Nordamerika um die Welt? Amerikanische Wissenschaftler fanden dafür immer mehr Indizien. So entdeckten sie Coca-Blätter in ägyptischen Mumien, ebenso Abbildungen von Mais, und auf alten indischen Tempeln lassen sich sogar sprachliche Übereinstimmungen zwischen den Kontinenten finden. Offensichtlich wagten sich die Urindianer mit Flößen über das große Meer. Ein weiteres Fragezeichen in der Evolutionsforschung: die zeitlichen Datierungen. Was stimmt nicht mit ihnen? Laufend müssen Altersbestimmungen nach rückwärts korrigiert werden:

- Geologische Untersuchungen machen deutlich, dass Bauwerke wie etwa die ägyptischen Pyramiden von *Gise* oder das Steinheiligtum von *Stonehenge* wesentlich älter sind als bisher angenommen.
- Jüngste Untersuchungen der Universität von Kalifornien haben ergeben, dass die im Jahre 1921 entdeckten Knochenreste

des Peking-Menschen – dem Vorläufer des heutigen Homo sapiens – nicht 200.000, sondern mindestens 400.000 Jahre alt sind!

- Ein menschlicher Oberkiefer, der zusammen mit Steinwerkzeugen im Norden Äthiopiens gefunden wurde, lässt den Schluss zu, dass der moderne Mensch um etwa 500.000 Jahre älter ist als bisher angenommen! Außerdem bleibt der Übergang vom eher affenartigen zum aufrecht gehenden Menschen umstritten. Forscher der Universität Liverpool, die seit Jahren das Skelett der 3,6 Millionen Jahre alten Frau „Lucy“ untersuchten, haben festgestellt, dass der Homo sapiens auch in grauer Vorzeit nicht auf allen vieren gekrochen ist. Unterstützt wird diese Erkenntnis vom aufrechten Gang durch moderne Computersimulation: Gibt man nämlich die Daten der Urzeitfrau ein, zeigt sich, dass sie in gebückter Haltung umgekippt wäre.
- Die bisher ältesten bekannten Lebensspuren auf der Erde stammen aus Australien: gebänderte Ablagerungen von Algen und Bakterien. Sie werden auf 3,5 Milliarden Jahre geschätzt. Jetzt haben amerikanische Forscher in Grönland Spuren von bakterienähnlichen Lebewesen entdeckt, die mindestens um 300 Millionen Jahre älter sind.

Dass es berechtigte Zweifel in der Abstammungslehre gibt, bestätigten 1997 auch genetische Analysen deutscher Wissenschaftler: Anders als manche Forscher insgeheim hofften, ist nämlich der Neandertaler *kein* Stammvater der heutigen Erdlinge. Er war nur ein Seitenzweig in der langen Geschichte der Menschheitsentwicklung, eine Sackgasse der Evolution. Wenn der Neandertaler aber kein Vorfahre des heutigen modernen Menschen war, woher kam er dann und weshalb starb er aus? Einige zehntausend Jahre lebten Homo sapiens und Neandertaler nebeneinander, bis letzterer vor etwa 30000 Jahren aus ungeklärten Gründen verschwand. Dies ist umso rätselhafter, weil sich Gelehrte hierbei auch in ihrem Votum geirrt zu haben scheinen, wonach die Neandertaler bloß plumpe Hohlköpfe gewesen seien. Neue Funde belegen hingegen eindeutig: Die stämmigen

Muskelpakete (1,60 Meter groß, 75 Kilogramm schwer) bestatteten ihre Toten, sorgten für Gebrechliche, bauten Hütten aus Mammutknochen, verfügten über eine Sprache und spielten auf Knochenflöten Musik. Womit neuerlich eine lang gehegte Ansicht über den Verlauf unserer Evolutionsgeschichte als Irrtum entlarvt werden konnte.

Solche Ungereimtheiten gibt es dutzendweise. Man begegnet ihnen ebenso bei der Beurteilung gefundener „Kultgegenstände", die so gar nicht in den gewohnten Rahmen der gültigen Lehrmeinung einzupassen sind. Sie werden vielmehr häufig, wie ich meine voreilig, als „dekorative Kunst" und „Symbolismus" fehlgedeutet. Eigentlich unverständlich, wenn man berücksichtigt, dass Kunstwerke im herkömmlichen Sinn, nämlich lediglich der Betrachtung und dem rein ästethischen Genuss zuliebe, vielen untergegangenen Kulturen und noch heute lebenden Naturvölkern fremd sind. Die meisten Kulte und Traditionen lassen sich auf den personifizierten Glauben an himmlische Wesen und mythologische Legenden zurückführen. Nach wie vor haben rituelle Gegenstände und Masken bei Naturvölkern eine *übernatürliche* Funktion und zeigen eine Verbundenheit mit der überirdischen Sphäre, zumal sie auch ihre Macht von den ihnen dem Glauben nach innewohnenden übernatürlichen Kräften beziehen. „Auf dieser Stufe", so gesteht der Anthropologe *H. Reads* freimütig ein, „liegt die Schwierigkeit in der Trennung von Kunst und Religion." Und sein Kollege *I. Bernal* erkannte folgerichtig: „Die Kunst besteht in Erinnerung an die Götter."

Trotzdem wehrt sich die orthodoxe Fachwelt mit Händen und Füßen dagegen, Stammeskulte, rituelle Maskentänze und über viele Generationen weitergegebene Überlieferungen, als Erinnerungen an eine erlebte Wirklichkeit, also als *Tatsachenberichte,* anzuerkennen. Bezogen auf die „göttliche" Bedeutung der Stammeskulte erklärt der Autor und Forscher *Georg Lukács:* „In diesen Kunstwerken spiegelt sich jedoch nicht die objektive Wirklichkleit wider, sie drücken nicht die tatsächlichen Verhältnisse der Natur und der Gesellschaft aus, sondern sind *irrtümliche* Vorstellungen."

Wirklich erklärt wird damit natürlich nichts. Irrtümliche Vorstellungen? Woher will man das wissen? Niemand von uns war tatsächlich beim ursächlichen Auslöser eines späteren Heiligenkultes oder einer religiösen Mythenbildung dabei. Ich glaube, dass vieles dafür spricht, wonach Masken, Höhlenzeichnungen und Kultobjekte tatsächlich Anhaltspunke für das Aussehen oder Verhalten der „Götter" liefern, die gemäß der Prä-Astronautik-These Besucher aus dem Kosmos waren.

Wohltäter aus dem Weltenraum

Viele Ureinwohner fassen geschnitzte Masken und religiöse Statuen nicht als Symbole, Darstellungen oder Porträts der überirdischen „Götter" auf, sondern sehen darin entsprechend ihrer Glaubensvorstellung die „tatsächliche Präsenz des Übernatürlichen in der sichtbaren und tastbaren Form", schreibt der Ethnologe *A. A. Gerbrands*. Er führt auch zwei Beispiele an: „In der großen Maske der *Dogon* wohnt Njama", die Seele eines göttlichen Ahnen in Form einer sichtbaren Schlange. Und bei den Priestern der *Dan* in Liberia „sind die Ahnen durch ihre Masken in der Hütte des Schamanen wirklich anwesend".

Wenn die „Götter" Astronauten waren, könnten diese Rituale ebenso gut als Cargo-Kulte aus ferner Vergangenheit interpretiert werden, die über viele Generationen traditionell weitergegeben wurden, um die Erinnerung an himmlische Berater wach zu halten. Missverstandene Technologie also, die durch bestimmte magische Praktiken wieder zum „Leben" erweckt werden soll. Bei den brasilianischen *Kajapo*-Indianern, die sich im Gedenken an ihren Kulturbringergott *Bep-Kororoti* in Ritualgewänder aus Stroh hüllen, wird dies besonders deutlich. Das Aussehen der in Maskentänzen dargestellten „Götter" erinnert verblüffend an die Astronautenkleidung unserer Tage und deckt sich mit der Legende vom Kajapo-Gott, der später in einem „fliegenden Haus" unter gewaltigem Donner, Beben, Rauch und Feuer in den Himmel zurückkehrte.

Vergleichbare, heute noch praktizierte Rituale zu Ehren himmlischer Lehrmeister finden wir gleichermaßen bei den Winterzeremonien der nordamerikanischen *Haida-* und *Kwakiutl*-Indianer, bei religiösen Mysterienspielen *tibetischer* Bergvölker, den Maskentänzen aus *Neuguinea,* dem astronomischen Wissen der afrikanischen *Ituri*-Pygmäen nahe am Äquator, Opferkulten auf *Sulawesi* oder in Form von „Geistermasken“ bei der brasilianischen *Karaja*-Kultur.

Im europäischen Kulturkreis begegnen wir ebenfalls Maskengestalten, die brasilianischen Ritualgewändern der Kajapo-Indianer gleichen. So finden in der *Obersteiermark* in Österreich Jahr für Jahr heidnische Perchtentreiben statt. Seltsame Geistergestalten, in Stroh gehüllt, mit meterlangen „Fühlern“ auf dem Kopf, kehren mit Peitschenknallen symbolisch den Weg für die „Götter“ frei.

Zu den bekanntesten und außergewöhnlichsten Zeremonien zählen die Darbietungen der *Hopi*-Indianer in Arizona und anderer *Pueblo*-Stämme des südwestlichen Nordamerika. Sie haben das Sagengut ihrer Ahnen bis heute lebendig gehalten. Zu bestimmten Zeiten beschwören Männer in Verkleidung die „Götter“. Akteure dieser heiligen Tänze sind die *Kachina,* die als göttliche Beschützer der Hopi verehrt werden. Holzgeschnitzte Puppen in Kachinagestalt sollen die enorme Vielfalt der Hopi-„Götter- und Geisterwelt“ begreifen und unterscheiden lernen. Die Holzfiguren sind Abbilder der Himmelsboten, die Masken und ihre Träger bei den rituellen Tänzen stellen hingegen die *leibhaftige* Verkörperung der überirdischen Wesen dar. Viele der Kulthandlungen, aber auch Gegenstände, Kunstformen und Dekorsymbole legen eine Deutung im Sinne der Prä-Astronautik bzw. PaläoSETI-Hypothese nahe.

Dazu ein Beispiel: Mir fiel auf einem Tongefäß die Abbildung einer vermeintlichen „Regenwolke“ auf, die dem Aussehen nach mit einer solchen aber nichts gemein hat. Der Hopi-Legende zufolge können die Kachinas, die im Leben eine Maske besessen haben, in Geistform zu den Lebenden zurückkehren – und zwar in der Maske eines lebenden Tänzers. Jeder Bewohner der Kachinadörfer kann in einer solchen „Geisterwolke“ vom Himmel zur Erde zurückkehren. Die so genannte „Wolke“ dient demnach als eine Art *Fahrzeug* oder *Durchgang* von einer fremden in unsere Welt. „Wer niemals im Leben an den Tänzen teilgenommen oder zugesehen hat“, heißt es weiter, „wird allein im Himmel sein, eine ‚lügende‘ Wolke, die keinen Regen bringt.“ Auffallend bei dieser Darstellung ist die Ähnlichkeit mit jenem Luftgefährt, das der biblische Prophet *Ezechiel* prägnant im Alten Testament beschrieben hat. Ich erwähnte es bereits: Dem ehemaligen NASA-Ingenieur *Josef F. Blumrich* gelang der technische Beweis, wonach Ezechiels Schilderung durchaus realitätsbezogen war. Zeigt die fliegende „Wolkenspinne“ der Hopi-Indianer ein ähnliches Raumfahrtmotiv? Wurden also die alten Symbole wahrheitsgetreu interpretiert? Haben andererseits Missionare bei der *Christianisierung* altes Wissensgut unwiederbringlich zerstört? Gott sei Dank war die kirchliche Obrigkeit nicht ganz so erfolgreich, wie sie es ursprünglich beabsichtigt hatte. Jene „Bekehrer“, die im Kielwasser der spanischen Eroberer nach Mexiko und Mittelamerika reisten, scheuten jedenfalls keine Anstrengung, um die Indianer in den eroberten Gebieten unbedingt zum Christentum zu bekehren. Doch kam es nicht zu der beabsichtigten Übernahme, sondern vielmehr zu einer Vermischung christlicher und indianischer Glaubenselemente. Vor der Eroberung durch die Spanier verehrten die indianischen Völker viele „Götter“, die den Legenden nach einst vom Himmel gestiegen waren. Und auch als sie sich zum Christentum bekehrten, hörten sie nicht auf, diese himmlischen Wesen zu verehren. Sie gaben ihnen listigerweise lediglich Namen christlicher Heiliger und verehrten sie von da an auch an christlichen Feiertagen weiter. Sie bauten also weiterhin auf ihre himmlischen Urväter und „Kulturbringer“ und beschwören diese zum Teil auch heute mittels magischer Kräfte.

Alte Traditionen und „Götter“-Kulte sind zwar vielfach erhalten geblieben, wurden aber im Laufe der Geschichte verändert, verfälscht oder in ihrer ursprünglichen Bedeutung vergessen. Im *„Lexikon der afrikanischen Mythologie“* heißt es dazu: „In den Museen Europas und Nordamerikas wurden früher viele Statuen als Götzen oder Ahnenbilder bezeichnet, bis Anthropologen herausfanden, dass sich hinter jenen geschnitzten Bildwerken eine Fülle von Mythologie verbirgt, die in vielen Fällen nicht mehr bekannt ist. Ein Großteil der Mythologie wurde von den Missionaren verurteilt, so dass die Bedeutung der Statuen in Vergessenheit geriet."

Das Geheimnis der Stammesriten

Für eine wissenschaftliche Untersuchung der alten Stammeskulte ist es schwierig, an die Quellen mythologischen Ursprungs zu gelangen. Dies umso mehr, da der ursprüngliche Grundgedanke vieler Riten und Kulte, obwohl etliche nach wie vor gebräuchlich sind, inzwischen bei den Naturvölkern selbst zunehmend verloren gegangen ist. Eine Hinterfragung dieser Phänomene wird schon durch die Vermengung verschiedenster Begriffe erschwert, etwa durch die Vorstellung von „Dämonen", „Ahnengeistern", „Totenbeschwörungen", „Fruchtbarkeitsriten", „Trancezuständen", „religiösen Schauspielen" und den viel zitierten Huldigungen an die himmlischen „Götter". Oberflächlich betrachtet scheinen diese Umschreibungen allesamt mit dem *Jenseitsglauben* verknüpft zu sein, woraus Kritiker der „Götter aus dem All"-These den Schluss ziehen, dass darin eben nichts Außerirdisches, sondern der Glaube an die *Wiedergeburt* zu erkennen sei.

Etwas überhastet, wie mir scheint. Denn die Naturvölker nehmen zwar Gemeinsamkeiten zwischen „Götterkult" und „Ahnenkult" wahr, machen aber andererseits doch deutliche Unterschiede. Der wesentlichste liegt darin, dass der „Geist", mag er auch noch so mächtig sein, nicht angebetet wird. „Geister" werden *günstig* gestimmt, *besänftigt,* sogar auf magische Weise gezwungen, im Namen von Priestern und Medizinmännern zu handeln, aber sie werden nicht angebetet.

Der Grund für die *Vermischung* der Begriffe „Götter" und „Geister" liegt wohl darin, dass die christlichen Missionare (und in Afrika auch die islamischen Gelehrten) sich weigerten anzuerkennen, dass die als „Götter" verehrten Wesen der so genannten Heiden das Attribut „göttlich" durchaus verdienten. Bei der Übernahme heidnischer Bräuche, man denke nur an den Weihnachtsbaum und bunte Ostereier, war man bekanntlich weniger penibel. Noch ein Unterschied fällt auf: Die so genannten „Götter“ werden als viel *bedeutender* angesehen. Sie sind erhabener, mächtiger, allumfassender und vielseitiger als „Geister“. Die „Ahnengeister“ werden hingegen, ähnlich den Engelvorstellungen unseres Kulturkreises, als Mittler zwischen Mensch und „Gott“ bzw. „Göttern“ betrachtet.

Eine weitere Hürde für eine gewissenhafte Untersuchung geben auffällige Berührungspunkte mit anderen Phänomenen und Fachrichtungen, darunter Bereiche der Psychologie, Parapsychologie, Spiritismus, Magie, Schamanismus, Botschaften aus dem Unterbewusstsein, Reinkarnation und Jenseitsglaube bis hin zur modernen UFO-Forschung und der Vorstellung von parallelen Universen.

Aus dem *Kongo* stammende Holzfiguren ähneln im Aussehen auffällig jenen Geschöpfen, von denen UFO-Entführungsopfer berichten. Lassen sich bisher unverstandene, seltsame Rituale alter Völker mit dem modernen UFO-Mythos in Verbindung bringen? Welches Geheimnis steckt hinter dem weltweiten Mysterium der *Schädeldeformationen*? Wir kennen sie aus Ägypten, Südamerika, der Türkei und sogar in Österreich hat man sie gefunden. Bekannt als „Hunnenschädel von Kronberg“ nahe *Wolkersdorf,* wo sie in einem Privatmuseum aufbewahrt werden. In Chile hat man sogar *fünftausend* verschiedenartige deformierte Schädel entdeckt. Die entscheidende Frage: Imitierten unsere Ahnen die Schädel und das fremdartige Aussehen ihrer „Götter“? Wollten sie vielleicht göttergleich sein? Täuscht der Eindruck, dass sich hinter kultischen Erscheinungsformen der Vergangenheit und Gegenwart *ein* und *derselbe* Urheber verbergen könnte?

Bringt man die *Mimikry*-Hypothese des deutschen UFO-Forschers Dr. *Johannes Fiebag* ins Spiel, könnte der Auslöser für solche entstandenen Mysterien in einer für uns verborgenen hoch entwickelten Intelligenz zu suchen sein, die uns vielleicht schon seit Jahrtausenden beeinflusst. Die in ihrer Fremdartigkeit zwar ähnlichen, aber letztlich doch verschiedenartigen Gestalten von Götterfiguren, Masken und Statuen könnten somit Ausdrucksformen *eines* Phänomens sein, das in unmittelbarer Wechselwirkung mit uns selbst steht, mit unseren Vorstellungen, Ängsten und Fantasien. Fiebag nennt dieses Verhalten Mimikry, weil sich das Phänomen uns anpassen kann und sich der (oder die) Urheber somit perfekt dahinter verbergen könnte.

In der Tat finden sich nicht nur in der aktuellen UFO-Forschung und in den Legenden der Kobolde und Elfen Indizien für diese Überlegung, sondern ebenso in alten Texten aus vorbiblischer Zeit. Wir brauchen uns nur das sumerische *Gilgamesch-Epos* (1900 v. Chr.) in Erinnerung rufen, wo unter anderem geschrieben steht: „Kein Sterblicher kommt auf den Berg, wo die Götter wohnen. Wer den Göttern ins Angesicht schaut, muss vergehen." Oder im *Alten Testament* (Exodus; 33,20), wo die göttliche „Herrlichkeit des Herrn" zu Moses spricht und mahnt: „Du kannst mein Angesicht nicht schauen, denn kein Mensch bleibt am Leben, der mich schaut … und wenn ich dann meine Hand weghebe, darfst du mir nachsehen, aber mein Angesicht kann niemand schauen."

Seltsam. Weshalb hatten die „Götter" des Altertums so große Angst, von Menschen erkannt zu werden? Wäre im Falle der Erkenntnis ihrer wahren Identität, dem Fallen ihrer Masken, der Mythos ihres überirdischen „Images" zerstört worden? Oder diente diese Maskerade vielmehr dem speziellen Schutz der Erdlinge? Liegt die sich dahinter verbergende Wahrheit womöglich jenseits aller irdischen Vorstellungen?

Die Mimikry-Hypothese, wonach eine fremde Intelligenz durch Anpassung unsere Mythen kontrolliert und somit auf einer tiefen psychologischen Ebene Einfluss nimmt in unseren Glauben und in unsere Vorstellungen, ist sicherlich ein neuer und interessanter Lösungsansatz. Jedenfalls gibt es eine Menge von Hinweisen, die deutlich machen, wonach die UFOs der Neuzeit nur die Fortsetzung der fliegenden Götterwagen aus der Antike darstellen. Folglich hätten wir es gestern wie heute mit ein und demselben Phänomen zu tun, welches sich uns bloß in verschiedenen Facetten offenbart. Andererseits kann man aber auch nicht ganz ausschließen, dass wir es vielleicht doch mit verschiedenen unabhängigen Phänomenen zu tun haben könnten. Zumal wir heute noch nicht mit Sicherheit zu sagen vermögen, was UFOs wirklich sind. Die mögliche außerirdische Herkunft ist zwar eine auch für mich denkbare, aber eben nicht die einzige Möglichkeit.

Welche Methoden müssten angewandt werden, um einen Eingriff hoch entwickelter fremder Intelligenzen beweisen zu können? Wie kann man die These vom Besuch aus dem All überprüfen? Ein Problem, das gewissermaßen alle Phänomene aus dem Bereich des Unerklärlichen betrifft. Die Sache der *Verifizierbarkeit.* Nach Sir *Karl Popper* muss eine solche Hypothese an der Realität scheitern können, also *falsifizierbar* sein. Wenn ich etwa behaupte, Sonnenfinsternisse entstünden bei Bedeckung der Sonne durch den Mond, so ist diese Hypothese falsifizierbar. Ich kann sämtliche Sonnenfinsternisse unter diesem Aspekt durchchecken und werde, eben, weil die Hypothese richtig ist, keinen Fall finden, in dem sich eine Sonnenfinsternis ereignete, ohne dass der Mond die Sonne verdunkelt hätte. Bei der Überprüfung der Mimikry-Hypothese, so faszinierend sie auch sein mag, tut man sich da schon schwerer.

Dennoch sollten wahrheitssuchende Wissenschaftler eine Untersuchung außerirdischer Phänomene nicht deshalb kategorisch ablehnen, nur „weil bisherige Erkenntnisse ausschließen, dass solche Dinge existieren". Denn was sagt das schon? Man glaubt eben gerne an die Wissenschaft und an alles, was sich als Wissenschaft darstellt. Und man glaubt denen nicht, die keine wissenschaftliche Qualifikation zu besitzen scheinen. Selbst die eigene Existenz muss mit Mitteln der Wissenschaft – mit historischen Dokumenten – bewiesen werden. Wer keinen Pass oder keine Geburtsurkunde vorweisen kann, existiert nicht, selbst wenn man tausend und einmal mit dem eigenen Finger auf den eigenen Körper zeigt. So ein unwissenschaftliches Argument will niemand akzeptieren. Die Einzigen, die nicht so leicht an die alles offenbarende Wissenschaft glauben, sind die Wissenschaftler selbst. Die sind sich nämlich in fast allen Belangen vollkommen uneins. Ein Blick in die Geschichte der Wissenschaft und jener der großen Entdeckungen zeigt, dass sich wissenschaftliche Theorien ständig *ändern* und das auch weiterhin tun werden. Hier dürfen Erich von Däniken und die Sympathisanten

„seiner" Astronautengötter-Theorie mit Recht auf ihre Chance hoffen.

Heute noch praktizierte traditionelle Riten, Tranceerlebnisse sowie Kulthandlungen von Eingeborenen zeigen, analog zu modernen UFO-Erlebnissen und PSI-Erscheinungen unserer Tage und unseres Kulturkreises, dass die derzeitigen Realitätsmodelle zum Verständnis dieser Phänomene nicht ausreichen. Eine fantastische Reise zu unseren mythologischen Ursprüngen macht deutlich, dass ein Wandel im westlichen wissenschaftlichen Grundrahmen überfällig ist. Jene Forschungsreise zu den Wurzeln einer anderen, bisher verborgenen und verdrängten Wirklichkeit hat gerade erst begonnen. Wir können vielleicht nur erahnen, welche tief greifenden Erkenntnisse und Überraschungen noch auf ihre Entdeckung warten. Schon vor Jahrtausenden hat uns der altägyptische Weisheitsgott *Thot* (respektive *Hermes Trismegistos)* in seinen hinterlassenen Schriften zu einer nicht gerade einfachen Denkaufgabe ermuntert: „Das Weltall ist ein kosmisches Buch, eine Handschrift, eine riesenhafte Papyrusrolle, welche von Göttern geschaffen worden ist. Strebet an, jenes vor euch entrollte Buch zu lesen und jene Offenbarung der Götter zu verstehen."

Haben wir *verstanden?*

Aliens, bitte melden!

„In spätestens 25 Jahren werden wir außerirdisches Leben entdeckt haben!" Diese Prognose stellen immer mehr Weltraumforscher und suchen nach geeigneten Methoden, um mögliches Leben außerhalb unseres Sonnensystems aufzuspüren. Viele Astronomen stellen heute nicht mehr die Frage, ob wir allein im Kosmos sind, sondern nur noch, *wann* andere Lebensformen oder gar fremde Intelligenzen entdeckt werden.

Wie können wir mit ihnen in Kontakt treten? Würden wir von einer Kommunikation mit fremden Intelligenzen profitieren? Oder gehen wir dabei ein Risiko ein? Gibt es einen Schlüssel für ein „intergalaktisches Telefongespräch"? Astrophysiker sehen in den universell gültigen Gesetzen der *Mathematik, Physik* und *Chemie* eine Chance, mit Außerirdischen in universelle Verbindung zu treten. Das Denken in Zahlen könnte eine reale Möglichkeit der Kontaktaufnahme sein. Ohne *gemeinsamen Erfahrungshorizont* ist eine Verbindung allerdings nicht vorstellbar. Eine Ameise beispielsweise kann mit uns nicht kommunizieren, weil sie unsere Gedanken nicht versteht, und umgekehrt.

Trotz Zweifel wurde bereits 1960 das *Projekt OZMA* aus der Taufe gehoben, das mit der Idee startete, man könne vielleicht mit einem Radioteleskop im amerikanischen Green Bank, West Virginia, mögliche außerirdische Signale empfangen. Der Versuch scheiterte, führte aber zum inzwischen weltweit engagierten Wissenschaftsprojekt *SETI* (= Search for Extra Terrestrial Intelligence). Es ist der bisher größte Lauschangriff bei der Suche nach außerirdischem Leben. Mit gigantischen Radioteleskopen von bis zu 300 Metern im Durchmesser tasten Forscher den Himmel ab und senden Radiowellen aus. In Kalifornien wird das aufwendigste Unterfangen dieser Art mit hochmodernen Technologien realisiert. Die Projekt-Leiterin dieser SETI-Station, *Jill Tarter,* schätzt die Chancen eines Erfolges inzwischen „tausendmilliardenfach" höher ein als bei allen früheren Bemühungen. „Es könnte da draußen von intelligenten Kulturen nur so wimmeln", schwärmt die Wissenschaftlerin.

Ihr berühmter Kollege, der Astronomieprofessor *Frank Drake,* ein Pionier auf dem Gebiet der Radio-Astronomie, der mit Projekt OZMA schon vor 40 Jahren nach Lebenszeichen von „E.T." forschte, vertritt ebenso diese Ansicht. Drake ist es im Wesentlichen zu verdanken, dass der NASA heute ein ausgeklügeltes Instrumentarium zur Verfügung steht, mit dem sie Signale fremder Welten zu empfangen hofft.

Doch wie soll ein „intelligentes Signal" extraterrestrischer Funker eigentlich aussehen? Würde man es überhaupt als solches identifizieren? Haben wir dieselbe „Wellenlänge"? Schon des Öfteren wurden Radio-Signale aus dem All empfangen, die keinem natürlichen Ursprung zuzuordnen waren. Sie kamen aber immer von verschiedenen Sternen. Und keines der mysteriösen Signale wurde ein zweites Mal aus derselben Quelle geortet. Ich kenne das Phänomen. Irgendwer ruft bei mir an, das Telefon klingelt, ich hebe den Hörer ab, frage höflich: „Hallo, wer da?" Es bleibt aber stumm. Auf der anderen Leitung hört man nur noch das Auflegen des Telefonhörers. Wer der Unbekannte war, bleibt unklar. Ähnlich unbefriedigend ist die Situation beim Signalempfang des NASA-Lauschangriffs.

Das Hauptproblem aber sind die enormen Distanzen. So wurde 1974 mit dem größten Radioteleskop in *Arecibo* auf Puerto Rico ein Informationssignal ins All geschickt, gezielt auf den 26.000 Lichtjahre entfernten Kugelsternhaufen *M13*. Eine Galaxie, die als Heimat außerirdischer Intelligenzen besonders geeignet erscheint. Das Dilemma: Sollte die Botschaft jemals auf außerirdische Kulturen stoßen, die zumindest unsere technologische Evolutionsstufe erreicht haben, würde eine Antwort frühestens in 52.000 Jahren zu erwarten sein – so lange braucht jedenfalls das Licht, das schnellste uns bekannte Medium. Ganz abgesehen davon, ob unsere Zivilisation dann überhaupt noch besteht.

Neben Radio-Signalen sind es vor allem Raumsonden, die an Bord Mitteilungen für außerirdische Intelligenzen mitführen. Mit den amerikanischen Raumsonden *Voyager I* und *II* reist seit 1977 eine Botschaft in Form einer Bild-Ton-Platte ins All. Neben den Geräuschen von Buckelwalen und der Musik von Mozart finden sich Wortmeldungen von Politikern wie dem früheren amerikanischen Präsidenten *Jimmy Carter* und dem ehemaligen österreichischen UNO-Generalsekretär Dr. *Kurt Waldheim*. Sollte die irdische „Visitenkarte" dereinst von Außerirdischen entdeckt werden, so werden sie vielleicht verstehen, woher der Flugkörper gekommen ist. Die exakte Lage unseres Sonnensystems und eine genaue Beschreibung der Spezies Mensch könnten für die ETs wertvolle Tipps ergeben.

Auch die vor bald 30 Jahren gestartete amerikanische Jupitersonde *Pionier 10,* ursprünglich nur für eine Lebensdauer von 21 Monaten gedacht, reiste weiter in die Tiefen des Alls. Pionier 10 ist das erste Fluggerät von Menschenhand, das bereits 1983 unser Sonnensystem verlassen hat. Noch im Frühjahr 1997 wurden Daten gefunkt, die inzwischen neun Stunden benötigten, bis sie die Erde erreichten. Erst in rund 70.000 Jahren, so errechneten Wissenschaftler, wird die Raumsonde in der Nähe von *Proxima Centauri* sein, dem nächsten Stern in unserer Galaxie. Und wenn Pionier 10 eine ganze Runde im Milchstraßensystem zurücklegen will, vergehen etwa 250 Millionen Jahre. Sollte sie vorher von irgendjemand „eingefangen“ werden, finden sich zielführende Hinweise „Made in Terra“: Eine 15 mal 23 Zentimeter große Aluminiumplatte an der Bordwand. Sie zeigt eingraviert das Bild eines hüllenlosen Menschenpaares, die Darstellung eines Wasserstoffatoms, die Flugbahn des Roboters sowie die Sonne mit ihren Planeten. Der rechte Arm des Mannes ist erhoben, seine Hand geöffnet – außerirdische Finder werden das hoffentlich als Geste des Friedens deuten.

Sind derlei Botschaften nur naive Spielereien weltraumbesessener Idealisten? Die amerikanische Weltraumbehörde scheint jedenfalls einen Erfolg von SETI keineswegs auszuschließen. So hat sie im Vorfeld mit religiösen Führern erörtert, wie die Menschen auf der Erde mit der Erkenntnis fertig werden würden, sollten außerirdische Kulturen tatsächlich existieren. Der NASA-Abteilungsleiter *Edward Stone* erklärte dazu dezidiert: „Wie *Christoph Kolumbus* wissen wir nur eines genau: Es gibt etwas jenseits unseres Horizonts. Wie der Seefahrer müssen auch wir mit dem *Unerwarteten* rechnen.“

Und wenn das Unerwartete früher eintritt als erwartet? Was dann, wenn es unvorhergesehen zu einem Kontakt mit außerirdischen Intelligenzen käme? Wären wir wirklich darauf vorbereitet? Käme es zu einem Kulturschock, ähnlich dramatisch, wie dies alte Kulturen der Azteken, Maya und andere bei ihrer Entdeckung erfahren und erleiden mussten? Würden unsere Reaktionen zwischen Angst und Freude, Verzweiflung und Hoffnung schwanken? Wäre dies das Ende der menschlichen Geschichte und der Beginn einer neuen kosmischen Ära?

Weshalb strecken wir unsere Fühler ins All? Wozu ein Lauschangriff, wo doch die Erfolgschancen nicht garantiert sind? „Als Wissenschaftler leitet mich natürlich meine Wissbegierde“, gesteht der Radio-Astronom Frank Drake offen ein und betont: „Ich will wissen, was da draußen im All vor sich geht. Als

Mensch halte ich unermüdlich an der Suche fest, weil SETI uns Antworten auf unsere elementarsten Fragen verspricht, also darauf, *wer* wir sind und *welchen* Stellenwert wir im Universum besitzen." Die Lauschaktion ist das technisierteste, aber auch menschlichste wissenschaftliche Thema, das sich Frank Drake vorstellen kann. Denn jedes taktische Problem bei der Forschung stützt sich auf das alte „philosophische Rätsel": *Woher* kommen wir? Sind wir *einzigartig*? Was bedeutet es, *ein Mensch* zu sein? Unser Erstaunen über den Sternenhimmel, davon ist Frank Drake überzeugt, wird in der Suche nach außerirdischen Intelligenzen reflektiert.

Ist die Antwort wirklich irgendwo dort draußen? Die letzte geografische Grenze im All ist zugleich auch eine der letzten Grenzen unseres Wissens: Die Tiefe des Universums birgt den Schlüssel zu unserer Herkunft und zum Aufbau unserer Welt. Ist mit der Erforschung und Erschließung des Alls sowie konkreter Pläne zur Besiedlung von Planeten eine Lösung für das von Frank Drake angesprochene „philosophische Rätsel" in Sicht?

Es gehört zu den Mythen der Menschheit, dass sie sich nicht als einzig möglichen Intelligenzträger begreift. Schon Astronomen und Gelehrte des Altertums haben erkannt, dass intelligentes Leben ein *universelles* Phänomen darstellt. Die jüngsten sensationellen Entdeckungen der Raumfahrt, das Auffinden von Planeten und Wasservorkommen sowie die Suche nach Brüdern im All scheint einen Bewusstseinswandel auf der Erde einzuleiten. Die Menschheit auf dem blauen Planeten Erde, das Sonnensystem und unser Zentralgestirn, wir sind nichts Einmaliges oder Außergewöhnliches in der unendlichen Weite des Alls. Und wir sind gerade dabei, dies *endlich* begreifen zu lernen …

Literaturhinweise

Becker-Donner, Etta; „*Brasiliens Indianer*", Katalog, Museum für Völkerkunde, Wien, ohne Jahresangabe

Beier, Hans-Herbert; „*Kronzeuge Ezechiel*", München 1985

Bellinger, Gerhard J.; „*Lexikon der Mythologie*", Augsburg1996

Berlitz, Charles; persönliche Mitteilungen a. d. Verf., 21. 9. 1981, Wien

Biedermann, Hans; „*Wunderwesen, Wunderwelten*", Graz 2000

Biedermann, Hans (Hrsg.); „*Rätselhafte Vergangenheit*", Gütersloh 1987

Blumrich, Josef F.; „*Da tat sich der Himmel auf*", Düsseldorf – Wien 1973

–; „*Kasskara und Die sieben Welten*", Düsseldorf – Wien 1979

–; persönliche Mitteilungen a. d. Verf., 29. 8. 1994, Colorado, USA

Bodgroi, Tibor (Hrsg.); „*Stammeskunst*", Band 1 und 2, Budapest 1982

Bonin, Werner F. (Hrsg.); „*Faszination des Unfaßbaren*", Stuttgart 1988

–; „*Lexikon der Parapsychologie*", Frankfurt/M. 1981

Brookesmith, Peter (Hrsg.); „*UFOs – so rund wie Untertassen*", Luzern 1986

Bundesministerum für Landesverteidigung; Brief an Dr. Karl Grün, 25. 7. 1983

Bundesministerium für Wissenschaft und Forschung; Brief an Dr. Karl Grün, Aktenzahl 70.186/13-25/83, Wien

Burenhult, Gören (Hrsg.); „*Naturvölker heute*", Hamburg 1994

Bürgin, Luc; „*Götterspuren*", München 1993

Buttlar, Johannes von; „*Das UFO-Phänomen*", München 1978

–; „*Sie kommen von fremden Sternen*", München 1986

–; „*Die Außerirdischen von Roswell*", Bergisch-Gladbach 1996

–; persönliche Mitteilungen a. d. Verf., 21. 6. 1991, Warminster

Cave, Janet P./Forman, Laura; „*Geheimnisse des Unbekannten; UFOs*", Hamburg 1991

Cavendish, Richard; „*Die Welt des Übersinnlichen*", Wien 1995

Charroux, Robert; „*Phantastische Vergangenheit*", Neuauflage, München 1969

–; „*Die Meister der Welt*", Neuauflage, Düsseldorf 1997

Coe, Michael D.; „*Amerika vor Kolumbus*", Augsburg 1998

Däniken, Erich von; „*Erinnerungen an die Zukunft*", Düsseldorf – Wien 1968

–; „*Meine Welt in Bildern*", Düsseldorf 1973

–; „*Beweise*", Düsseldorf – Wien 1977

–; *„Die Spuren der Außerirdischen“*, München 1990
–; *„Auf den Spuren der Allmächtigen“*, München 1993
–; *„Raumfahrt im Altertum“*, München 1993
–; persönliche Mitteilungen a. d. Verf., 2. 11. 1996, Mannheim
Däniken, Erich von (Hrsg.); *„Kosmische Spuren“*, München 1989
–; *„Neue Kosmische Spuren“*, München 1992
–; *„Fremde aus dem All“*, München 1995
–; *„Das Erbe der Götter“*, München 1997
Darlton, Clark; *„Planet Lerks II“*, Rastatt 1957
Dopatka, Ulrich; *„Die große Erich von Däniken Enzyklopädie“*, Düsseldorf – München 1997
Dopatka, Ulrich (Hrsg.); *„Sind wir allein?“*, Düsseldorf 1996
Dunkel, Horst; persönliche Mitteilungen a. d. Verf., 6. 7. 1997, Ulm
Dürnsteiner, Franz; *„Österreicher mit Pfiff“*, Innsbruck 1995
Erler, Rainer; *„Die Delegation“*, Neuauflage, Frankfurt/Main – Berlin 1995
–; persönliche Mitteilungen a. d. Verf., 30. 8. 1996, Bairawies
Ernsting, Walter; persönliche Mitteilungen a. d. Verf., 28. 8. 1996, Salzburg
Evans, Hilary; *„Beweise: UFOs“*, München 1988
Every, George; *„Das Christentum und seine Legenden“*, Klagenfurt 1990
Fiebag, Johannes; *„Die Anderen“*, München 1993
–; *„Kontakt“*, München 1994
–; *„Sternentore“*, München 1996
–; persönliche Mitteilungen a. d. Verf.; 7. 10. 1996, Bad Neustadt
Fiebag, Johannes (Hrsg.); *„Das UFO-Syndrom“*, München 1996
–; *„Besucher aus dem Nichts“*, München 1998
Fiebag, Peter; *„Der Götterplan“*, München 1995
–; *„Geheimnisse der Naturvölker“*, München 1999
Fiebag, Peter und Johannes (Hrsg.); *„Aus den Tiefen des Alls“*, Neuauflage, Frankfurt/M. – Berlin 1995
Gathmann, Peter; persönliche Mitteilungen a. d. Verf., 1982, Wien
Gentes, Lutz; *„Die Wirklichkeit der Götter“*, München – Essen – Ebene Reichenau 1996
Good, Timothy; *„Jenseits von Top Secret“*, Frankfurt/M. 1991
–; *„Sie sind da“*, Frankfurt/M. 1992
Habeck, Reinhard; *„UFO – Das Jahrhundertphänomen“*, Wien 1997
–; *„Das Unerklärliche“*, Wien 1997
Haley, Leah; *„Meine Entführung durch Außerirdische und das U.S. Militär“*, Rottenburg 1996

Hawking, Stephen; *„Eine kurze Geschichte der Zeit"*, Reinbek bei Hamburg 1988
Hesemann, Michael; *„Geheimsache U.F.O."*, Neuwied 1994
–; *„Jenseits von Roswell"*, Neuwied 1996
–; persönliche Mitteilungen a. d. Verf.; 30. 8. 1996, Düsseldorf
Heyerdahl, Thor; *„Expedition Ra"*, Frankfurt/M. – Berlin 1980
Hitching, Francis; *„Die letzten Rätsel unserer Welt"*, Frankfurt/M. 1982
Hopkins, Budd; *„Eindringlinge"*, Hamburg 1991
–; *„Von UFOs entführt"*, München 1982
Hoyle, Fred; *„Das intelligente Universum"*, Frankfurt/M. 1984
Hynek, Allen J.; *„UFO-Report/Ein Forschungsbericht"*, München 1978
–; *„UFO-Begegnungen der ersten, zweiten und dritten Art"*, München 1978
Interplanetarik Austria; *„UFO-Info 1995"*, Wien 1995
Jacobs, David M.; *„Geheimes Leben"*, Rottenburg 1995
–; *„Bedrohung"*, Rottenburg 1998
Jürgens, Curd; Brief a. d. Verf., 25. 6. 1979, Enzesfeld
Kaminski, Heinz; Brief a. d. Verf., 12. 3. 1979, Bochum
Keu, Alexander; persönliche Mitteilungen a. d. Verf., 28. 8. 1996, Salzburg
Kirchschläger, Rudolf; Brief a. d. Verf., 13. 2. 1979, Wien
Knaller, Wolfgang; persönliche Mitteilungen a. d. Verf., November 1995, Mödling
Knappert, Jan; *„Lexikon der afrikanischen Mythologie"*, München 1995
Kohlenberg, Karl F.; *„Enträtselte Vorzeit"*, München 1970
Kolosimo, Peter; *„Sie kamen von einem anderen Stern"*, Wiesbaden 1969
–; *„Unbekanntes Universum"*, Neuauflage, Frankfurt/M. – Berlin 1991
Krassa, Peter; *„Als die Gelben Götter kamen"*, München 1973
–; *„... und kamen auf feurigen Drachen"*, Neuauflage, München 1990
–; *„Gott kam von den Sternen"*, Neuauflage, Frankfurt/M. – Berlin 1995
–; persönliche Mitteilungen a. d. Verf., 21. 8. 1997, Wien
Krassa, Peter/Habeck, Reinhard; *„Das Licht der Pharaonen"*, München 1992
–; *„Die Palmblattbibliothek und andere geheimnisvolle Schauplätze dieser Welt"*, München 1993
Kreisky, Bruno; Brief a. d. Verf., 6. 3. 1979, Wien
Ladurner, Christiane; *„Begegnung mit dem Fremden"*, Diplomarbeit, Universität Wien, November 1998
Lammer, Helmut; persönliche Mitteilungen a. d. Verf.; 18. 7. 1997, Graz
Lammer, Helmut und Marion; *„Verdeckte Operationen"*, München 1997

Lammer, Helmut/Sidla, Oliver; *„UFO-Geheimhaltung"*, München, 1995
–; *„UFO-Nahbegegnungen"*, München 1996
Langbein, Walter-Jörg; *„Astronautengötter"*, Neuauflage, Frankfurt/M. – Berlin 1995
–; *„Bevor die Sinflut kam"*, München 1996
Leslie, Desmond/Adamski, George; *„Fliegende Untertassen landen"*, Zürich 1954
Ludwiger, Illobrand von; *„Der Stand der UFO-Forschung"*, Frankfurt/M. 1992
–; persönliche Mitteilungen a. d. Verf., 1. 9. 1996, Feldkirchen-Westerham
Ludwiger, Illobrand von (Hrsg.); *„Unerklärliche Himmelserscheinungen aus älterer und neuerer Zeit"*, Bericht von der Sommertagung 1976 in München, Mutual UFO Network-Central European Section, München 1977
Mack, John E.; *„Entführt von Außerirdischen"*, Essen – München 1995
Meckelburg, Ernst; *„Besucher aus der Zukunft"*, Bern – München 1980
–; *„Zeittunnel"*, München 1991
–; *„Hyperwelt"*, München 1995
Michell, John/Rickard, Robert J. M.; *„Die Welt steckt voller Wunder"*, Düsseldorf – Wien 1979
Naab, Friedrich (Hrsg.); *„Die großen Rätsel und Mythen der Menschheit"*, Augsburg 1993
Navia, Luis E.; *„Unsere Wiege steht im Kosmos"*, Düsseldorf – Wien 1976
–; *„Das Abenteuer Universum"*, Düsseldorf – Wien 1977
Onec, Omnec; *„Ich kam von der Venus"*, Düsseldorf 1991
Pauwels, Louis/Bergier, Jacques; *„Aufbruch ins dritte Jahrtausend"*, Bern – München 1962
Pern, Stephen; *„Maskentänzer von Westafrika"*, Amsterdam 1982
Perowne, Stewart; *„Die Götter und Mythen des antiken Rom"*, Neuauflage, Klagenfurt 1988
Polnitzky, Gerhard; persönliche Mitteilungen a. d. Verf., 30. 10. 1979, Wien
Popowitsch, Marina; *„UFO-Glasnost"*, München 1991
Radax, Ferry; persönliche Mitteilungen a. d. Verf., 6. 12. 1995, Schloß Hollenburg bei Krems
Randle, Kevin/Schmitt, Donald; *„Der UFO-Absturz bei Roswell"*, Rottenburg 1996
Rétyi, Andreas von; *„Wir sind nicht allein!"*, München 1994

Ruppe, Harry O.; „*Die grenzenlose Dimension Raumfahrt*“, Band 1 und 2, Düsseldorf 1980
–; persönliche Mitteilungen a. d. Verf., 6. 9. 1996, München
Ryle, John; „*Krieger des Weißen Nils – Die Dinka*“, Amsterdam 1982
Sachmann, Hans-Werner; „*Die Epoche der Engel*“, Baden-Baden 1980
–; „*In Schutt und Asche*“, Baden-Baden 1989
Sagan, Carl; „*Unser Kosmos*“, München 1982
Schneider, Adolf; „*Besucher aus dem All*“, Freiburg i. Br. 1974
Schneider, Adolf/Malthaner, Hubert; „*Das Geheimnis der unbekannten Flugobjekte*“, Freiburg i. Br. 1978
Schneider, Inge und Adolf; „In Kontakt mit dem Kosmos“, Thun 1989
Schneider, Eberhard; „*Those Astounding Stupas*“, Madras, Indien 1995
Spencer, John; „*Geheimnisvolle Welt der UFOs*“, Wien 1992
Steiger, Brad/Whritenour, Joan; „*Flying Saucer Invasion*“, New York 1969
Steinhäuser, Gerhard R. (Hrsg. v. Peter Krassa); „*Heimkehr zu den Göttern*“, Berlin 1997
Strauss, Franz Josef; Brief a. d. Verf., 5. 7. 1979, München
Strieber, Whitley; „*Die Besucher*“, Wien 1988
Struwe, Maria; persönliche Mitteilungen a. d. Verf., 3. 11. 1996, Vehlefanz
Stummer, Oliver; „*Konzept zur Untersuchung ungewöhnlicher atmosphärischer Leuchtprozesse im Raum Österreich*“, Wien 1995 sowie persönliche Mitteilungen a. d. Verf., Juni 1997
Temple, Robert K. G.; „*Das Sirius-Rätsel*“, Frankfurt/M. 1977
The Metropolitan Museum of Art (Hrsg.); „*Before Cortés*“, New York 1970
Theisen, Heide (Hrsg.); „*Außereuropäisches Schauspiel*“, Katalog, Museum für Völkerkunde, Wien 1976
UNO-Generalsekretariat im Auftrag von Dr. Kurt Waldheim; Brief a. d. Verf., 5. 4. 1979, New York
Vallée, Jacques; „*Dimensionen*“, München 1996
–; „*Konfrontationen*“, München 1996
–; „*Enthüllungen*“, München 1997
Walter, Werner; „*UFOs: Die Wahrheit*“, Königswinter 1996
Walters, Ed und Frances; „*UFOs – Es gibt sie*“, München 1990
Wilson, Katharina; „*Tagebuch einer Entführten*“, Rottenburg 1996
Zürrer, Ronald; „*Weg nach Innen*“, Zürich – Berlin 1995

Artikel

Amberger, Hermi; *„Malereien vom Berg der Freude"*, Kurier, 12. 5. 1996, New York – Wien

Bankhofer, Hademar; *„UFOs sind Raumschiffe aus Gedankenkraft"*, Para, Nr. 14, 1985, Klosterneuburg

Corti, Severin; *„Briten als Versuchskaninchen"*, Kurier, 1. 12. 1996, Wien

Keul, Alexander; *„Der Kugelblitz: Ein Naturphänomen im interdisziplinären Spannungsfeld"*, Grenzgebiete der Wissenschaft, Nr. 43, Innsbruck 1994

Klingl, Livia; *„Versuchskaninchen Mensch"*, Kurier, 5. 1. 1994, Wien

Krassa, Peter; *„UFO-Alarm über dem Dachstein vertuscht!"*, Kurier, 7. 5. 1980, Wien

–; *„Hoch vom Dachstein her ..."*, Samstag, Nr. 33, 17. 8. 1996, Wien

Merz, Gerhard; *„Das Rätsel des Sirius"*, 7 Tage, Heft 1/1991, Baden-Baden

MUFON-CES; Pressemitteilung vom 20. 8. 2000, Feldkirchen-Westerham

Ohne Autorenangabe; *„Aliens waren Testpuppen"*, Die Presse, 26. 6. 1997, Wien

–: *„Büschelentladungen"*, Esotera, Nr.7/1980, Freiburg i. Br.

–; *„Den UFOs auf der Spur"*, Artikelserie, Samstag, 1978, Wien

–; *„Der Mensch ging immer aufrecht"*, Solidarität, Nr. 787/1997, Wien

–; *„Die irren Fälle des Doktor Mack"*, Focus, Nr. 35, 28. 8. 1995, München

–; *„Fliegende Untertassen – Luft in Luft"*, Sputnik, Stuttgart 1982

–; *„Gordon Coopers Zeugnis"*, UFO-Nachrichten, Nr. 329/1997, Obergünzburg – Kempten

–; *„Gott namens Prinz Philip"*, Neue Kronen Zeitung, 29. 6. 1980, Wien

–; *„Gugelhupf aus der Flugzeughalle"*, Illustrierte Wissenschaft, Nr. 12/1994, Norderstedt

–; *„Hawking warnt vor Außerirdischen"*, Magazin 2000 plus, Nr. 118/1997, Neuss

–; *„Indianer waren Weltreisende"*, täglich alles, Wien, 18. 2. 1997, Wien

–; *„Interview mit Nina Hagen"*, Neue Kronen Zeitung, 19. 11. 1983, Wien

–; *„Interview mit Debbie Harry"*, Neue Kronen Zeitung, 19. 1. 1982, Wien

– Kinoprogramm zu Steven Spielbergs Film *„Unheimliche Begegnung der dritten Art"*, Neuer Filmkurier, Wien 1978

–; *„Menschheit ist älter als gedacht"*, Neue Kronen Zeitung, 21. 11. 1996, Wien
–; *„Peking-Mensch viel älter"*, Kurier, 3. 5. 1996
–; *„Riesige Eiswürfel fliegen auf die Erde"*, Kurier, 31. 5. 1997, Wien
–; *„Rote Superblitze"*, Solidarität, Nr. 781, Wien 1996
–; *„Stammvater beerdigt"*, Der Spiegel, Nr. 29/1997, Hamburg
–; *„UFOs im Vorleben"*, Esotera, Nr. 8/1980, Freiburg i. Br.
–; *„UFO-Entführungen"*, Interview mit John E. Mack, Magazin 2000 plus, Nr. 107/1995
Rétyi, Andreas von; *„Die ultimative Lüge?"*, UFO-Kurier, Nr. 34/1997, Rottenburg
–; *„Roswell – Ein Geheimnis wird 50"*, UFO-Kurier, Nr. 82/1997, Rottenburg
Schaefer, Michael; *„Der Alptraum von den ‚Anderen'", Esotera,* Nr. 5/1996, Freiburg
Schneider, Eberhard; *„Von Horus zum Sisiutl – 'UFOs' in der Vergangenheit"*, Ancient Skies, Nr. 4/1992, Feldbrunnen

Internet-Tipps

www.aas-fg.org
www.alien.de/UnknownReality/index.htm
www.daeniken.com
www.cseti.com
www.cufos.com
www.starship-naarcosina.de
www.unsolved-mysteries.net
www.worldmysteries.ch

Danksagung

Mein Dank gilt vielen Menschen, die mich seit Jahren mit Informationen, Anregungen, Kritik und Bildmaterial selbstlos unterstützen. Ein herzliches Dankeschön für ihre Interviewbeiträge an all die renommierten Forscher, Schriftsteller und prominenten Zeitgenossen, die in diesem Buch zu Wort kamen. Einige Freunde, „Mitstreiter“ und hilfsbereite Unterstützer seien hier namentlich in alphabetischer Reihenfolge genannt – stellvertretend für viele. Ihre Namensnennung besagt jedoch nicht, dass sie mit allen von mir in diesem Buch aufgestellten Ideen und Theorien übereinstimmen müssen:

Nicolas Benzin, Ing. Josef Blumrich, Luc Bürgin, Erich von Däniken, Sabine Dell'mour, Chris Dimperl, Klaus Dona, Stefan Dona, Dipl.-Bibl. Ulrich Dopatka, Anke und Horst Dunkel, Walter Ernsting alias Clark Darlton, Viktor Farkas, Doris Feik, Dr. Johannes Fiebag (†1999), Claudia und Dipl.-Hdl. Peter Fiebag, Iris und Andreas Findig, Lars A. Fischinger, Ing. Rudolf Gantenbrink, Dipl.-Ing. Walter und Inge Garn, Prof. Dietmar Grieser, Ingrid und StR. i. R. Willi Grömling, Dr. Ing. Karl Grün, Waltraut Haas und Erwin Strahl, Renate und Walter Hain, Hartwig Hausdorf, Rainer Holbe, Lotte Ingrisch, Dir. Dr. Willibald Katzinger, Dr. Alexander Keul, Uschi und Karl Kovalcik, Peter Krassa, Christiane Ladurner und Johannes Ortner, Walter-Jörg Langbein, Ernst Meckelburg, Dr. Khalil Messiha (†1998), Iris Portmann, Andreas von Rétyi, Sandra und Mario Ringmann, Prof. Dr. Ing. Harry O. Ruppe, Hans-Werner Sachmann, Eberhard Schneider, Daniela Schröter und Oliver Stummer, Armin Schrick, Wolfgang Siebenhaar, Milo M. Sediq, Dr. Fawzi Soueha, Dr. Ekkehard Steinhäuser, Dr. Wolfgang Waitkus, Andrea und Dr. Norbert Weiß, Prof. Dr. Erich Winter, Dr. Hans-Joachim Zillmer.

Ein herzliches Dankeschön schulde ich besonders meinem geduldigen und konstruktiven Hersteller Johann Pröll sowie dem Verlagsteam im Hause Tosa. Nicht zuletzt aber gilt mein aufrichtiger Dank dem Verleger Thomas von Sacken für sein Vertrauen und die gute Zusammenarbeit bei vielen Projekten.